Norbert Schmidt

Rhein, Ahr, Erft

Radeln für die Seele

15 Wohlfühltouren

Droste Verlag

ALLE TOUREN AUF EINEN BLICK

TOUR 1: EIN FLUSS-REICH — 6
Gartenkunst am Niederrhein
38 km | 74 Hm | 3 Std. | Rundtour

TOUR 2: R(H)EINKULTUR — 20
Vom Dom zum Siebengebirge
46 km | 104 Hm | 4 Std. | Streckentour

TOUR 3: MITTELRHEINROMANTIK — 32
Burgen, Weinberge und Fachwerk
35 km | 102 Hm | 3 Std. | Streckentour

TOUR 4: STEIN UND WEIN — 44
Entlang der Ahr
36 km | 210 Hm | 3 Std. | Streckentour

TOUR 5: NEUE NATUREN — 54
Ehemaliger Tagebau an der Mittelerft
35 km | 59 Hm | 3 Std. | Streckentour

TOUR 6: (RH)EINGEBETTET — 66
Klöster und Burgen am Niederrhein
40 km | 66 Hm | 3 Std. | Rundtour

TOUR 7: GRÜNE PERLEN — 76
Rechtsrheinische Parklandschaften
35 km | 86 Hm | 3 Std. | Streckentour

TOUR 8: EIFELFLÜSSCHEN — 90
Von der Urft zur Erft
35 km | 158 Hm | 3 Std. | Streckentour

TOUR 9: BURGEN IN DER BÖRDE — 102
Adelssitze an Rotbach, Erft und Swist
43 km | 133 Hm | 3,5 Std. | Rundtour

TOUR 10: GLAS, KERAMIK & STUCK — 114
Burgentour rund um Rheinbach
51 km | 251 Hm | 4 Std. | Rundtour

TOUR 11: DIE EIFEL IM BLICK 126
Euskirchener Burgenrunde
30 km | 154 Hm | 3 Std. | Rundtour

TOUR 12: RÖMERSPUREN 138
Von Meckenheim nach Brühl
38 km | 115 Hm | 3 Std. | Streckentour

TOUR 13: IM KURFÜRSTENWALD 152
Durch Ville und Kottenforst
37 km | 130 Hm | 3 Std. | Streckentour

TOUR 14: TERRA NOVA 166
Im Braunkohlerevier
33 km | 113 Hm | 3 Std. | Rundtour

TOUR 15: EIN- UND AUSBLICKE 180
Durch die Gillbacher Börde
36 km | 163 Hm | 3 Std. | Rundtour

Bonner Rheinaue

Liebe Radelfreunde und Entspannungssuchende,

im rheinischen Flüssedreieck von Rhein, Ahr und Erft lässt es sich entspannt radeln und die abwechslungsreiche Umgebung genießen.

Prägen zwischen den früheren Römerstädten Neuss, Köln und Bonn weit ausladende Mäander mit ihren niederrheinischen Flussauen und Heideterrassen das Landschaftsbild, so ändert sich dies im Mittelrheintal schlagartig. Im Rheinischen Schiefergebirge verengt sich das Flusstal, hier begleiten Vulkankuppen, Höhenburgen und Weinhänge den Rhein. Ebenfalls recht pittoresk präsentiert sich das Ahrtal: Mit seinen steilen Berghängen, weiten Flusstälern und markanten Vulkankuppen gilt die Region als Deutschlands größtes Rotweinanbaugebiet. Entlang der Erft stehen zahlreiche Burgen und Schlösser als Dokumente des Mittelalters sowie des rheinischen Adels, als Kontrastprogramm finden sich aktive und ehemalige Tagebaugebiete als Zeitzeugen der industriellen Gegenwart.

Die Touren – mit einer Länge von mindestens 30 bis maximal 50 Kilometern – verlaufen fast ausnahmslos abseits verkehrsreicher Straßen, also meist unmittelbar entlang der Flüsse, durch Schatten spendende Wälder und Höhenwege, durch niederrheinische Fluss- und Heidelandschaften sowie entlang der heute meist rekultivierten Braunkohletagebaugebiete – immer ist bereits der Weg das Ziel und der Wohlfühlfaktor hoch!

Neben all diesen Entspannungsfaktoren kommt das kulinarische und kulturelle Angebot nicht zu kurz. Wer Erholung und Entspannung auf dem Fahrrad sucht, wird diese in der Region der rheinischen Drei-Flüsse-Landschaft finden.

Viel Freude beim Radeln für die Seele wünscht Ihr Norbert Schmidt

NATUR-INFO

KULTUR-INFO

TOUREN-/EVENT-INFO

GENUSS-INFO

- 38 Kilometer
- 74 Höhenmeter
- 3 Stunden
- Rundtour

Alter Rhein

Erfrischungstour 1

Ein Fluss-Reich
Gartenkunst am Niederrhein

Als Startpunkt bietet sich **Haus Bürgel** ❶ an. Hier in diesem einstigen Kastell im Norden von Monheim sind heute das Römische Museum, die Biologische Station sowie eine Kaltblutzucht heimisch. Eigentümer von Haus Bürgel sowie der umliegenden Freiflächen von ca. 100 Hektar ist seit 20 Jahren die NRW-Stiftung Naturschutz, Heimat und Kulturpflege. Neben der wechselvollen Geschichte des ursprünglich spätrömischen, später auch von Germanen besetzten Kastells gibt es jede Menge Informationen zum Landschaftsraum der umgebenden Urdenbacher Kämpe.

*Die **niederrheinische Landschaft** wird geprägt durch den stark mäandrierenden Verlauf des Hauptstroms sowie durch seine Kopfweiden und Altarme im unmittelbaren Einzugsgebiet des Rheins.*

So befand sich das einstige **Kastell** zu Römerzeiten noch auf der linken Seite des Rheins, erst nach einer Hochwasserflut Ende des 14. Jahrhunderts verlagerte der Rhein sein Bett und fließt seitdem westlich von Haus Bürgel, während der Altarm des Rheins allmählich verlandete.

Wir starten also vom Eingangsbereich des Museums aus rechts, überqueren die angrenzende Landstraße **L 293** in Höhe der Bushaltestelle, fahren um die Schranke herum und orientieren uns an der kommenden Gabelung rechts am Wanderwegezeichen „D". Hier bekommen wir bereits einen ersten Eindruck von der weitläufigen Landschaft, auf den Flächen blüht hier der Raps im leuchtenden Gelb. Nach einer Weile passieren wir eine Pferdekoppel, dort sehen wir einen Aussichtshügel. Ab hier mündet für die Bahnanreisenden die Route aus Richtung Hellerhof in Höhe des Abzweigs zur Aussichtsplattform „Blick

*Das einstige **Römerkastell** stammt aus der spätrömischen Zeit und diente zur Grenzsicherung (Limes) gegenüber Germanenstämmen, die aus dem Osten einfielen. Nach Besetzung und Bewohnung durch germanische Stämme entstanden hier eine Ansiedlung sowie eine mittelalterliche Burg. Mit dem Ende des Mittelalters wurde die Burg ausschließlich als Wirtschaftshof genutzt.*

Erfrischungstour 1

in den alten Rhein". Hier können wir einen Blick auf das einstige Flussbett werfen.

Wer mit der Bahn anreist, verlässt den S-Bahnhof Hellerhof über den Radweg entlang der Kreisstraße Hellerhofweg (K 13) in Richtung Baumberg, nach ca. 1 Kilometer geht es rechts über die Straße (Vorsicht beim Queren!) auf einem Verbundpflasterweg weiter in die Urdenbacher Kämpe, an der kommenden Gabelung links bis zur Aussichtsplattform „Blick in den alten Rhein" ❷.

Das durch Überschwemmungen heimgesuchte Gebiet wurde damals eingedeicht, das Wasser erreichte in der Folgezeit nicht mehr die tief liegenden Acker- und Weideflächen. Was gut für die Landwirte sowie die vom Hochwasser betroffenen Anwohner war, bedeutete gleichzeitig das Aus für die Flora und Fauna der Auenlandschaft, die auf periodische Überflutungen angewiesen sind. Seit einigen Jahren jedoch können das Wasser des nahe liegenden Garather Mühlenbaches sowie das Hochwasser des Rheins wie-

Urdenbacher Kämpe

Gartenkunst am Niederrhein

Für die Seele

Wir lassen uns von mystischen Auenlandschaften verzaubern und von neuzeitlicher Gartenkunst faszinieren.

der in die tiefer liegenden Bereiche der Urdenbacher Kämpe fließen, so präsentiert sich heute dem Betrachter ein naturnahes Seen-, Sumpf- und Feuchtgebiet. Eine Augenweide im Spätsommer und im Herbst sind die Herbstzeitlosen, dem Krokus ähnelnde Pflanzen. Von der Route aus lassen sich leicht Vögel wie z. B. Graureiher und Rohrdommeln ausmachen, und an nebligen Tagen wirkt diese einstige Flusslandschaft mit ihren teilweise recht knorrig und schief gewachsenen Bäumen richtig verwunschen. An vielen Stellen lässt sich ein Blick über die Verlandungsflächen hinaus in die Weite der Urdenbacher Kämpe richten.

Wir genießen die Fahrt auf dem dammähnlich verlaufenden Weg bis zum Erreichen des Parkplatzes am Wegende, hier queren wir vorsichtig die Landstraße und fahren rechts auf dem links liegenden Radweg neben der Straße weiter. Dabei müssen wir den Gegenverkehr auf dem schmalen Radweg beachten. Nach einer Weile erreichen wir erstmals den Rhein, wir fahren bis zum Parkplatz am Eingang des Benrather Schlossparkes. Hier können wir unsere Tour unterbrechen, dabei orientieren wir uns entweder an der Wegweisung, die uns entlang der Itter um das Schlossparkgelände führt, oder wir schieben das Fahrrad einige Hundert Meter über den nordöstlich verlaufenden Weg vom Parkeingang am Rheinkopf durch den ehemaligen Jagdgarten bis zum **Schloss Benrath** ❸.

Bis zu seiner Eingemeindung nach Düsseldorf 1929 war **Benrath** eine selbstständige Gemeinde, vorgelagert von einem fürstlichen Wohnsitz seit dem ho-

*Das Mitte des 18. Jhs. erbaute **Schloss Benrath** verband Bau-, Garten- und Wasserkunst des Spätbarocks und Rokokos zu einem einzigartigen Ensemble.*

Erfrischungstour 1

hen Mittelalter. Dieser wurde im 15. Jahrhundert zu einer Wasserburg ausgebaut und diente lange Zeit den Gemahlinnen der Herzöge von Berg als Witwensitz. Nach Zerstörung der Burg im Dreißigjährigen Krieg wurde mit der Errichtung des Schlosses und der Gärten begonnen. Ein optischer Augenschmaus sind neben den prunkvollen Schlossgebäuden und weiträumigen Park- und Gartenanlagen die zahlreichen Weiher mit ihren Wasserfontänen.

Nach derart vielen Eindrücken kehren wir durch den Schlosspark zurück zum Ausgang am Rheinkopf und setzen unsere Tour flussabwärts fort. Der Radweg führt ein kurzes Stück durch einen Grünzug. In Höhe der Stadtbahnhaltestelle Am Trippelsberg biegen wir

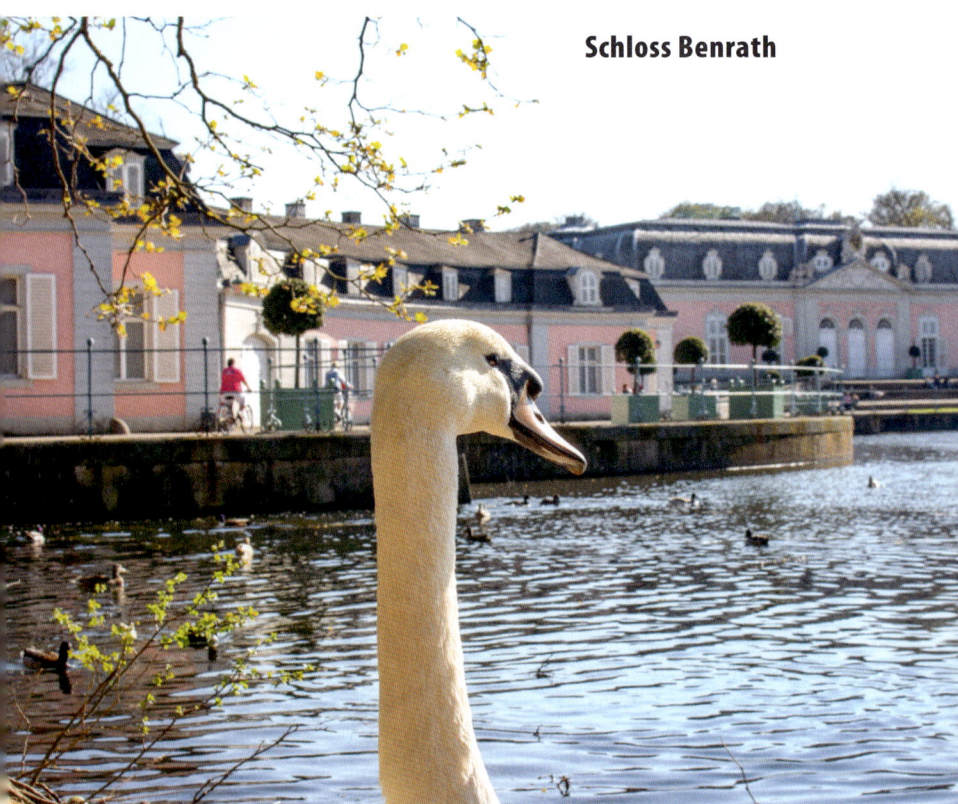

Schloss Benrath

Gartenkunst am Niederrhein

links ein und fahren durch ein altes Industriegebiet, einige dieser ehemaligen Werkshallen dienen heute Künstlern und Veranstaltern als Domizil. Wir folgen am Ortsende den Wegweisern in einem scharfen Linksknick, anschließend geht es mal rechts, dann links weiter, hinter dem Wasserwerk Holthausen müssen wir links einbiegen, in der Folge orientieren wir uns am Hauptverlauf des Weges, der uns am Flugplatz vorbei bis zum Rhein führt, im Rechtsknick weiter verläuft und hinter dem Campingplatz auf den Damm führt, später als asphaltierter Wirtschaftsweg. An der Kreuzung geht es geradeaus weiter, dann rechts und weiter durch den Himmelgeister Rheinbogen ❹; hier bietet sich dem Betrachter das typische Bild einer niederrheinischen Auenlandschaft. Wiesen- und Ackerflächen werden großräumig durch Baumreihen, Hecken und Einzelgehölze gegliedert. Dieses seit über 20 Jahren ausgewiesene Naturschutzgebiet stellt zudem ein Refugium seltener Pflanzen (Osterluzei, Kleine Wiesenraute) sowie ein überregional bedeutendes Rückzugs- bzw. Überwinterungsgebiet für Zugvögel dar. Nach einer Weile erreichen wir die ersten Häuser des heutigen Düsseldorfer Stadtteils Himmelgeist, bereits von Weitem ist der Turm von St. Nikolaus, einer aus den Anfängen des 10. Jahrhunderts stammenden romanischen Kleinbasilika, auszumachen. Ebenso alt ist der Ort; er wird erstmals im Jahr 904 erwähnt.

An der Kreuzung unmittelbar hinter der Kirche müssen wir uns entscheiden: Wer abkürzen will, kann an Sonn- und Feiertagen – entsprechend Wetter und Saison – (links) die Rheinfähre nach Uedesheim nutzen, dabei verpasst man aber (rechts abbiegend) den Schlosspark Mickeln samt Schloss ❺. In diesem von Gartenbaumeister Maximilian Weyhe Mitte des 19. Jahrhunderts entworfenen Parkgelände wurden der angrenzende Fronhof sowie die nahe gelegenen Rheinauen mit berücksichtigt. Augenfällig ist die Lindenallee, die sich immer weiter ausdehnt, je mehr man sich dem Schlossgebäude nähert.

*Die Anfänge von **Schloss Mickeln** gehen auf das Jahr 1210 zurück. Das heutige Gebäude steht auf dem Grundriss des 1836 abgebrannten Hauses Mickeln. Der damalige Bauherr bezog diese nach genuesischem Vorbild konzipierte Sommerresidenz jedoch nicht. Heute befindet sich im Gebäude eine Außenstelle der Heinrich-Heine-Universität.*

Erfrischungstour 1

Nach diesem sehr lohnenden Abstecher fahren wir aus dem Park rechts hinaus und orientieren uns an der kommenden Gabelung sofort wieder links. Nach der Ortsdurchfahrt geht es weiter über die Himmelgeister Landstraße. Am Abzweig zum Wasserwerk biegen wir links ein, hinter dem Wasserwerk erneut links, unterqueren die Autobahnbrücke, um danach rechts über die Rampe auf deren Radweg den Rhein zu überqueren. Mit Erreichen der linken Rheinseite folgen wir den Wegweisern zunächst scharf rechts, an der Kreuzung biegen wir dann rechts auf den asphaltierten Feldweg ein. Nun kehrt wieder Ruhe ein und die neuen Wegweiser mitsamt den Knotenpunktnummern erleichtern uns auf den kommenden Kilometern die Orientierung. Ein kleiner Zwischenstopp mit Blick zurück zeigt uns aus dieser Perspektive den bundesweit höchsten Pylonen der vorhin überquerten **Fleher Brücke,** der wie ein umgedrehtes Ypsilon diese Schrägseilbrückenkonstruktion charakterisiert.

Wir folgen den rot-weißen Wegweisern mitten durch die von Wiesen und Koppeln sowie Kopfweiden und Pappeln geprägte Niederrheinlandschaft, vorbei an **Gut Altwahlscheid,** und erreichen kurze Zeit später eine Landstraße, auf deren Radweg wir links weiterradeln. An der kommenden Gabelung fahren wir links, vorbei am **Wahlscheider Hof** und an der nächsten Kreuzung rechts in den Neusser Ortsteil **Uedesheim** hinein. Hier stoßen wir an den Rhein. Die Fährverbindung nach Himmelgeist wurde mit Einweihung der Fleher Brücke obsolet und verkehrt heute nur nach Bedarf an Sonn- und Feiertagen. Wer hier eine Pause einlegen will, dem sei ein Besuch auf den dortigen **Rheinterrassen** ❻ empfohlen. Nach dem Ausblick über den Rhein geht es rechts bis zur Kreuzung, dort links und am Ende des Weges wieder links auf dem Radweg entlang der **B 9,** kurz danach erneut links und weiter durch das Industriegebiet im Stürzelberger Hafen. Am Kreisel orientieren wir uns geradeaus, folgen an der kommenden Abzweigung links den Wegwei-

Schloss Mickeln

Erfrischungstour 1

Fleher Brücke

sern durch die Delrather Straße, an deren Ende fahren wir wieder links, um schließlich rechts die Ortsmitte von **Stürzelberg** am Rhein zu erreichen. Das dortige Denkmal dokumentiert die Geschichte der einstigen Treidler, deren Pferde unter größten Mühen seit dem Mittelalter bis zur Neuzeit Mitte des 19. Jahrhunderts die Schiffe über den Leinenpfad stromaufwärts ziehen („treideln") mussten.

Über die Oberstraße geht es aus dem Ort hinaus, nach einigen Hundert Metern biegen wir links in Richtung Campingplatz ab, fahren zunächst an der

Gartenkunst am Niederrhein

ersten Gabelung geradeaus weiter, um an der folgenden Abzweigung links auf dem Hauptweg weiterzuradeln. Wir befinden uns inmitten des Naturschutzgebietes **Zonser Grind** ❼. Dieses Areal ist geprägt von ausgedehnten Grünlandflächen, Pappelreihen und stellenweise von Kopfweiden. Besonders die ausgedehnten, artenreichen Glatthaferwiesen und die hier besonders hoch wachsenden und je nach Windstärke hörbar raschelnden Pappeln charakterisieren diese Gegend.

Nach einer Weile erreichen wir das Campinggelände Zonser Grind, hier kann man sich im angegliederten Biergarten **Fährhaus Pitt Jupp** ❽ für die Weiterfahrt stärken und dabei dem Treiben auf und am Rhein zusehen. Die Route verläuft weiter durch die Campinganlage und geht an deren Ende in einen unbefestigten Weg über. Je nach Wegzustand ist ein wenig Geschick vonnöten, um sicher im Sattel zu bleiben. Später erreichen wir die Gaststätte an der Rheinfähre, wir passieren zunächst den Anleger und fahren geradeaus durch das Rheintor (Zollturm) in das „Rheinische Rothenburg", wie die mittelalterliche **Feste Zons** ❾ seit dem Ende des 19. Jahrhunderts bezeichnet wird. Ihre Festungsmauern sind fast komplett erhalten. In der wechselvollen Geschichte des über 700 Jahre alten Ortes haben sich so manche Angreifer an dieser Festung die Zähne ausgebissen. **Zons** lag bis ins 14. Jahrhundert unmittelbar am Rhein und trug zum Reichtum des damaligen Kölner Erzbischofs bei. Hier wird deutlich, wie sehr man früher von der Lage am Strom profitierte, aber auch mit seinen Launen leben musste. So verlegte der damalige Kölner Erzbischof 1372 den Rheinzoll von Neuss nach Zons – und kurz danach der Rhein sein Flussbett. Trotzdem blieb Zons in der Folge heiß umkämpft, Besatzer kamen und gingen – zuletzt die Franzosen und anschließend die Preußen, und mit deren Herrschaft fiel das Zollprivileg bei gleichzeitigem Verlust der Stadtrechte. Mit der Kommunalreform 1975 verlor Zons end-

*Der fast quadratische Grundriss der **Feste Zons**, die Stadtmauer und die gut erhaltenen Tore locken heute viele Besucher an, ebenso die allsommerlich stattfindenden Märchenspiele, Theateraufführungen und Konzerte.*

Erfrischungstour 1

Biergarten im Zonser Grind

gültig seine kommunale Selbstständigkeit, gut sechs Jahrhunderte nach der Stadterhebung, durch seine Eingemeindung nach Dormagen.

Dass Zons kein Geheimtipp ist, merkt man vor allem an Sonn- und Feiertagen sowie in der Ferienzeit, trotzdem lohnt sich ein kurzer Rundgang durch die mittelalterlichen Gassen, entlang der Stadtmauer sowie über den Schlossplatz mit seinem im Schloss untergebrachten Kreismuseum.

Nach diesem geschichtsträchtigen Abstecher schieben wir das Fahrrad zurück durch das Rheintor, fahren zum Fähranleger und setzen mit der Fähre über in das rechtsrheinische Urdenbach. Hier auf dem Rhein lassen sich die vorbeifahrenden Schiffe unterschiedlichster Nationalität mit teilweise recht hoher Ladung beobachten, auch einige Konvois sind auszumachen. Auf der anderen Uferseite fahren wir rechts in Richtung Monheim/Leverkusen zunächst ein Stück asphaltierten Weges weiter, genießen die wieder einkehrende Ruhe und Beschaulichkeit und lauschen dem Rauschen der sich im Wind wiegenden

Gartenkunst am Niederrhein

Pappeln. Nach einer Weile zeigt uns ein Hinweis, dass wir links in Richtung Haus Bürgel einbiegen müssen, wir fahren nun auf einem Waldweg entlang eines Auenwaldes, der uns in Richtung Norden den Blick auf die Urdenbacher Kämpe freigibt. Am Wegende biegen wir rechts ab und erreichen unseren Ausgangsort, den Parkplatz am Haus Bürgel. Wer mit der Bahn angereist ist, muss noch einmal in Höhe der Bushaltestelle die Landstraße überqueren und um die Schranke herumfahren. In Höhe des Aussichtspunktes geht es dann rechts, danach wieder rechts auf den Verbundpflasterweg, anschließend über die Kreisstraße und links auf den Radweg, der uns bis zum S-Bahnhof Hellerhof führt.

Fähre Zons

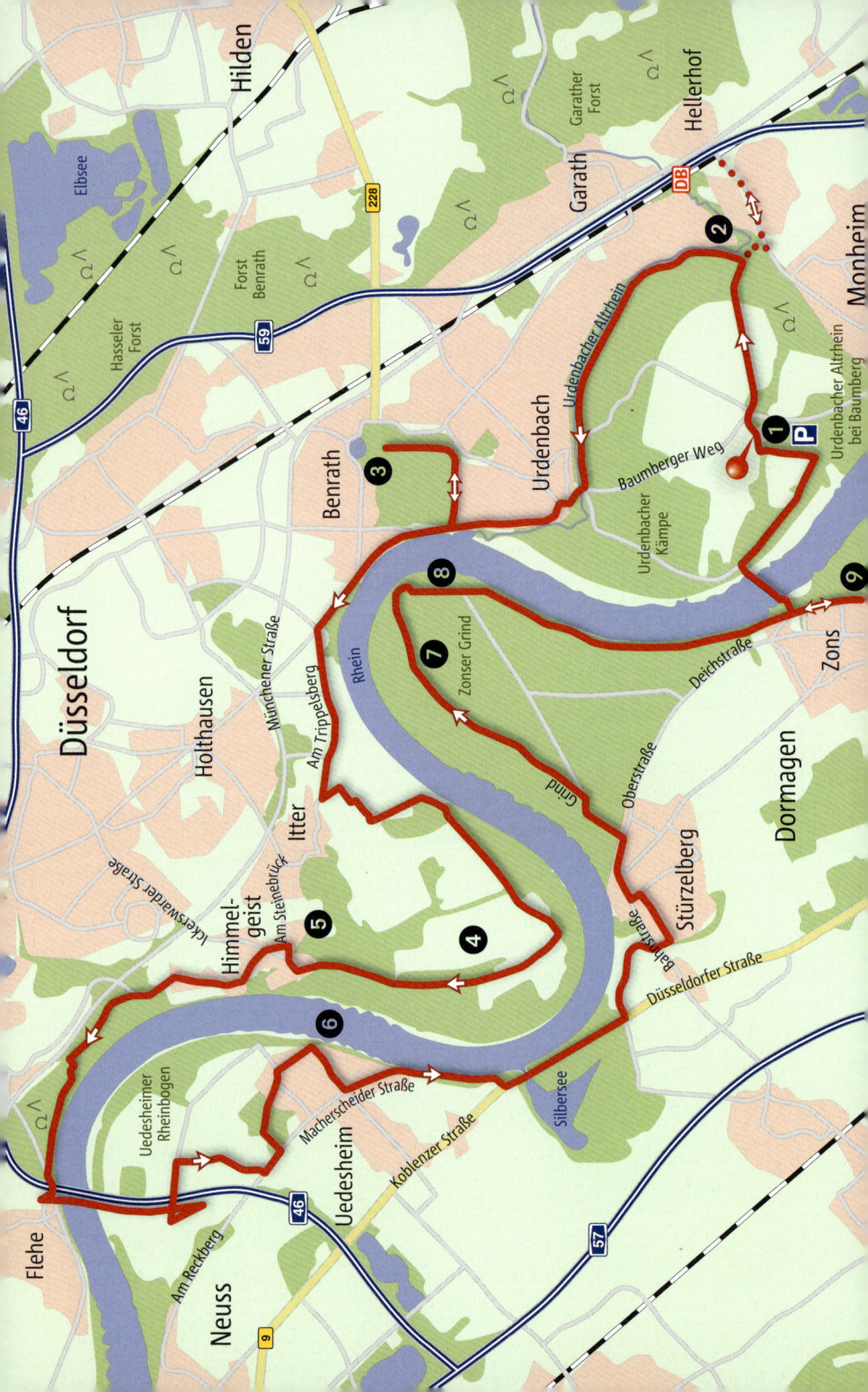

Alles auf einen Blick

Entspannung ✹✹✹✹✹
Genuss ✹✹✹✹✹
Romantik ✹✹✹✹✹

WIE & WANN:
Überwiegend Radwege, Straßen und entlang Urdenbacher Kämpe und Zonser Grind unbefestigte Wege; für Ungeübte, Kinder und Anhänger nur bedingt geeignet; beste Radelzeit April bis Oktober

HIN & WEG:
Start/Ziel: Haus Bürgel (GPS: 51.74707, 6.522085)
Auto: Parkplatz Haus Bürgel
Start/Ziel (ÖPNV): S-Bf. Düsseldorf-Hellerhof (GPS: 51.75906, 6.543044)
ÖPNV: S 6 (Köln–Düsseldorf–Essen)
Anschlusstour: Tour 6 Rund um Dormagen

ESSEN & ENTSPANNEN:
Rheinterrassen ❻ Deichstraße 16, 41468 Neuss-Uedesheim,
Tel. (0 21 31) 1 33 70 26, www.rheinterrassen-uedesheim.de (Di.–So. 11–22 Uhr, Mo. geschl.)
Fährhaus Pitt Jupp ❽ Grind 6, 41541 Dormagen-Grind, Tel. (0 21 33) 22 01 22,
fährhaus-pitt-jupp.de (Apr.–Okt.)

ENTDECKEN & ERLEBEN:
Museum Haus Bürgel ❶ (Römisches Museum/Biologische Station), Urdenbacher Weg, 40789 Monheim am Rhein, Tel. (0 21 73) 9 51 89 30, https://hausbuergel.de
Aussichtsplattform „Blick in den Alten Rhein" ❷
Schloss Benrath ❸ Benrather Schlossallee 100–106, 40597 Düsseldorf-Benrath,
Tel. (02 11) 8 92 19 03, www.schloss-benrath.de
Rheinbogen Himmelgeist ❹
Schloss Mickeln ❺ Alt-Himmelgeist, 40589 Düsseldorf-Himmelgeist
Zonser Grind ❼
Burg Friedestrom in der Feste Zons ❾ (Kreismuseum), Schlossstraße 1, 41541 Dormagen-Zons,
Tel. (0 21 33) 50 30, www.rhein-kreis-neuss.de/de/freizeit-kultur/kreismuseum-zons

- 46 Kilometer (mit Dollendorf 50 km)
- 104 Höhenmeter
- 4 Stunden
- Streckentour

Hohenzollernbrücke mit Dom

Erfrischungstour 2

R(h)einkultur
Vom Dom zum Siebengebirge

Für unsere Rheintour starten wir in der Dommetropole am besten von der rechtsrheinischen Seite in Köln-Deutz. Bereits am Ende der Rampenauffahrt zur 1859 entstandenen Hohenzollernbrücke lässt sich die Altstadt von **Köln** samt ihrer gotischen Kathedrale auf einen Blick erfassen. Neben der europaweit bedeutendsten Eisenbahnbrücke wartet Köln mit insgesamt acht weiteren Brücken auf. Bei Überquerung des Rheins fallen zudem die zahlreichen Liebessschlösser entlang der Brücke auf. Wir umgehen anschließend den Altstadttrubel, passieren zunächst den **Fischmarkt** in Höhe der das Altstadtpanorama prägenden romanischen **Kirche Groß St. Martin** mitsamt Stapelhaus, im Mittelalter der wohl wichtigste Handelsplatz nördlich der Alpen. Von hier gelangte man bereits zu Zeiten der Römer über eine Holzbrücke auf die gegenüberliegende Rheinseite, nach deren Verfall sollte es über 1400 Jahre bis zum nächsten Brückenbauwerk dauern.

*Der **Rhein** zwischen Köln und dem Siebengebirge wird sowohl geprägt durch den stark mäandrierenden Verlauf des Hauptstroms als auch durch seine zahlreichen Altarme, Polder (= natürliche Hochwasserbecken) und Werthe (= Flussinseln). Gut zu erkennen sind die zahlreichen Hochwasserschutzmaßnahmen entlang der Strecke.*

Vorbei an zahlreichen Schiffsanlegern, am Pegelhaus sowie nach Unterquerung zweier weiterer Straßenbrücken verlassen wir die gut frequentierte Promenade und biegen in Höhe des Malakow-Turms links ein, überqueren die dortige Drehbrücke und erreichen die Halbinsel am einstigen **Rheinauhafen** ❶. Das an der Nordspitze stehende **Schokoladenmuseum** bildete Mitte der 1990er-Jahre den Auftakt zu einer bis dahin beispiellosen Umgestaltung eines über Jahrzehnte verwahrlosten ehemaligen Hafengeländes zu einer neuen Ufermeile. Über eine kurvige Rampe erreichen wir die Promenade am Rhein, passieren zu-

Erfrischungstour 2

Mit der Gründung von **Köln** durch die Römer vor etwa 2000 Jahren am strategisch günstig gelegenen Westufer der Rheinschleife begann eine rasante Entwicklung über das Mittelalter hinweg bis zur Gegenwart als Millionenstadt. Neben dem weltweit bekannten Dom (UNESCO-Welterbe) wurde das „Drehkreuz des Westens" zu einer bedeutenden Wirtschafts- und Handelsmetropole.

erst das **Deutsche Sport- und Olympiamuseum,** fahren danach unter den drei spektakulären **Kranhäusern** hindurch und stoßen in Höhe eines modernen Hochwasser-Pumpwerkes wieder auf den Rhein-Radweg. Nach Unterquerung der Südbrücke, einer weiteren Eisenbahnbrücke sowie der Rodenkirchener Brücke wird der Leinpfad in Höhe des Kölner Ortsteils **Rodenkirchen** recht schmal, dafür hat man von hier aus einen schönen Blick zurück auf die Silhouette Kölns. Heute ist das Rodenkirchener Rheinufer (auch bekannt als „Kölner Riviera") ein beliebtes Ausflugsziel. Zahlreiche Spielplätze, Strandbuchten, aber auch Ausflugslokale am Ufer und auf dem Fluss laden zu einer Pause ein. Hier machten früher die Treidler (siehe auch Tour 1) und Schiffer erstmals von Köln kommend Station und wechselten ihre Pferde aus; eine dieser Stationen war das Gasthaus „Zum Treppchen".

Wir folgen der Wegweisung, zunächst von der Aue hinauf auf den Uferweg, biegen später in Höhe des Campingplatzes links ein und stoßen erneut auf den Radweg durch die Auenlandschaft des Weißen

Altstadt mit Groß St. Martin

Vom Dom zum Siebengebirge

 Für die Seele

Wir stromern auf Treidelpfaden, Promenaden und Fähren am Rhein entlang.

Rheinbogens. Mächtige Pappeln säumen den Uferbereich entlang unserer Strecke. Einen Damm sucht man hier vergeblich; bei Hochwasser dient dieser Bereich als natürlicher Überflutungsraum. Nach einer Weile stoßen wir auf den Fähranleger vom Kölner Ortsteil Weiß, hier setzen wir mit der schnuckeligen Personen- und Fahrradfähre „Krokolino" das erste Mal über den Rhein. Die Überfahrt in diesem schmalen Boot ist ein besonderes, bewegendes Erlebnis, also: Gut festhalten!

Über den Anleger geht es geradeaus auf die Freizeitinsel Groov ❷. Als ursprüngliche Sandbank im Rahmen der Rheinregulierung Mitte des 19. Jahrhunderts vom Hauptstrom getrennt, wurde die Groov zum Altarm. Der einstige Hafen versandete und verlor seine Bedeutung. Auf dem höher gelegenen Marktplatz gibt es genügend Einkehrmöglichkeiten, es lohnt aber auch ein kurzer Bummel durch die Gassen des im Mittelalter bedeutenden Zündorf.

Unsere Weiterfahrt setzen wir fort, indem wir zwischen den beiden Teichen des Altarms zurück Richtung Fähre fahren, an der Kreuzung aber links einbiegen und weiter entlang des Rheins radeln. Der Weg führt später weg vom Ufer auf einen Damm, über den wir bis Langel weiterfahren. Nach Durchquerung des Ortes über die Rheinbergstraße geht es vorbei an einem weiteren Altarm, dann wieder hoch auf den Damm und über diesen in einem großen Bogen weiter. Links von uns erstreckt sich das in jüngster Vergangenheit angelegte und eingedeichte Hoch-

Im heutigen Kölner Stadtteil Zündorf wurden früher die Waren von den Schiffen abgeladen und auf dem Landweg vorbei an Köln zum Mülheimer Hafen gebracht, um das Kölner Stapelrecht und die hohen Zölle zu umgehen. Die gepflegten, alten Fachwerkhäuser weisen noch heute auf den Wohlstand der Zündorfer hin, die sich ihre Dienste damals gut bezahlen ließen.

Erfrischungstour 2

wasserauffangbecken, bei klarer Sicht lassen sich in der Ferne die Kuppen des Siebengebirges ausmachen. In der Folge gelangen wir über den Dammweg nach **Lülsdorf,** ab hier nutzen wir erneut eine Fähre, um wieder auf die linke Rheinseite zu gelangen.

Nach Ankunft am neu gestalteten Uferbereich in **Wesseling** setzen wir unsere Fahrt in südliche Richtung fort, hierbei unterqueren wir einige Industrieleitungen inmitten der Aue. Später führt die Route wieder unmittelbar am Rhein entlang, vorbei an den Ortschaften **Urfeld, Widdig** und **Uedorf.** In Widdig lohnt sich eine Rast auf den **Rheinterrassen** ❸ des gleichnamigen Restaurants: Wunderschöne Panorama-Location, traumhaft am Ufer gelegen. Wir passieren in der Folge zwei Rheininseln, zuerst die nach dem gegenüberliegenden Ort benannte Rheidter Werth, kurz danach die unmittelbar an unserer Strecke erkennbare **Herseler Werth.** Diese Insel ist das Ergebnis eines vor langer

Rheinfähre „Krokolino"

Vom Dom zum Siebengebirge

Zeit eingetretenen Hochwasserereignisses, bei dem damalige Teile der antiken Römerstraße sowie Teile der Ortschaft Hersel weggeschwemmt wurden und sich diese Insel bildete. Diese steht seit 1993 unter Naturschutz und darf nicht mehr betreten werden.

Am Ende der Insel macht der Weg einen Links-rechts-Knick und führt uns zum Anleger der nächsten Fähre bei Graurheindorf, die uns nach Mondorf ❹ bringt. Im neu gestalteten Uferbereich der Anlegestelle lohnt sich eine Rast vor allem für Kinder auf der nahe gelegenen Spiel- und Freizeitanlage, bevor es in Fahrtrichtung rechts oberhalb der Promenade mit Blick in die Siegaue im Einmündungsbereich des Rheins weiter zum Fischereimuseum Bergheim ❺ geht.

Seit Sommer 2018 ist die Siegmündung um eine botanische Attraktion reicher, denn dort wachsen mittlerweile auch Wassermelonen. Unsere Route führt uns später an den Ortsrand von Bergheim, dort biegen wir rechts ein, überqueren eine stark befahrene Straße (!) und radeln wieder hinunter in die Siegaue. An der kommenden Kreuzung halten wir uns geradeaus und erreichen die Siegfähre neben dem gleichnamigen Gasthaus, mit dieser in der Region einzigen Drahtseil- oder Gierfähre geht es über die Sieg, am anderen Ende folgen wir den Wegweisern hinaus aus der Siegaue auf dem Radweg neben der Landstraße. An der großen Straßenkreuzung müssen wir etwas Geduld aufbringen, um nach zwei Ampelphasen unsere Fahrt rechts in Richtung Rhein fortzusetzen. Wir können im Frühling über das gelb leuchtende Rapsfeld einen Blick auf die Doppelkirche Schwarzrheindorf ❻ werfen und setzen unsere Fahrt fort, biegen links auf den neu errichteten Hochwasserdamm ein und folgen dem Streckenverlauf mit Blick auf das linksrheinisch gelegene Bonn (mehr über Bonn bei Tour 3). Zunächst bleiben wir auf dem Damm, verlassen diesen in Höhe Vilich-Rheindorf rechts der Wegweisung Richtung Bonn folgend. Kurz danach geht es weiter durch die Wolfsgasse und in Höhe des Landschaftsschutz-

Herseler Werth

Erfrischungstour 2

gebietes links auf den Rad- und Fußweg, der uns in der Folge nach Bonn-Beuel führt.

Hier im unmittelbaren Einzugsbereich der nach Bonn führenden Kennedybrücke ist immer viel los, der Radweg verläuft wenig später separat von den Fußgängern etwas weiter vom Uferrand entfernt auf bzw. hinter dem Damm. Ab hier haben wir eine schöne Aussicht sowohl auf das gegenüberliegende Bonn als auch auf die weitere Umgebung, zahlreiche Ruhebänke oder Biergärten verlocken zu einer Pause. Im rechtsrheinischen Teil der Bonner Rheinaue verzweigen die Wege einige Male und man muss sich ein wenig konzentrieren, um nicht aus Versehen auf die Fußwege zu gelangen. Nach Unterquerung der Adenauerbrücke erreichen wir wenig später den Bonner Bogen bei Oberkassel in Höhe des futuristisch anmutenden Kameha-Hotelkomplexes, die dortige Strandbar zieht vor allem jugendliche Kundschaft an. Doch auch für Kinder gibt es etliche Außenangebote.

*Der **Weingarten Gut Sülz** bietet sich für einen Ausklang der Radtour an. Vom Gartenlokal aus hat man eine schöne Aussicht auf die landesweit nördlichsten Weinhänge im Siebengebirge, der Dollendorfer Hardt.*

Der Radweg verläuft weiter am Ufer entlang, links neben der Strecke trennt der Bahndamm den Rheinuferbereich vom Bonner Ortsteil Oberkassel ab, und auf der anderen Rheinseite erkennen wir eine Fahne auf der Godesburg, die auf einer Basaltkuppe die Silhouette des Bonner Stadtteils Bad Godesberg prägt. Im Sommer können wir auch Badegäste am Rheinufer ausmachen, seichte Buchten erlauben bei Niedrigwasser eine gefahrlose Erfrischung. Kurze Zeit später erreichen wir den zu Königswinter gehörenden Ortsteil Dollendorf. Vorbei am Fähranleger Niederdollendorf biegen wir in Höhe der Eisdiele links in Richtung Heisterbacherrott ein, fahren durch die dortige Rheinstraße mit seinen pittoresken Fachwerkhäusern, überqueren in Höhe der Kirche die Hauptstraße und gelangen nach wenigen Metern entlang der Heisterbacher Straße zum Bahnhof Niederdollendorf. Ohne Treppen oder Rampen erreichen wir den Bahnsteig, wo uns die Bahn zurück zu unserem Ausgangsort bringt.

Vom Dom zum Siebengebirge

Weingut Sülz

Vor der Abreise lohnt jedoch ein Abstecher in den historischen Ortskern des Weinstädtchens **Dollendorf**. Hierfür fahren wir noch einige Meter entlang der Heisterbacher Straße, verlassen diese in Höhe der Stadtbahn/Bushaltestelle links, fahren ein Stück an der Lärmschutzmauer (B 42) entlang, orientieren uns bei der nächsten Möglichkeit rechts über die Bachstraße, queren eine Hauptstraße (!) und halten uns weiter geradeaus. In Höhe der mächtigen Linde erstrecken sich beiderseits der Straße sowie in den Nebengassen zahlreiche Fachwerkbauten im hiesigen **Oderdollendorf**. Am Ortsende mündet die Route auf den Mühlenweg, unmittelbar am Ortsausgang lohnt eine Einkehr in den dortigen **Weingarten Gut Sülz** ❼ mit Außengastronomie auf einer Wiese.

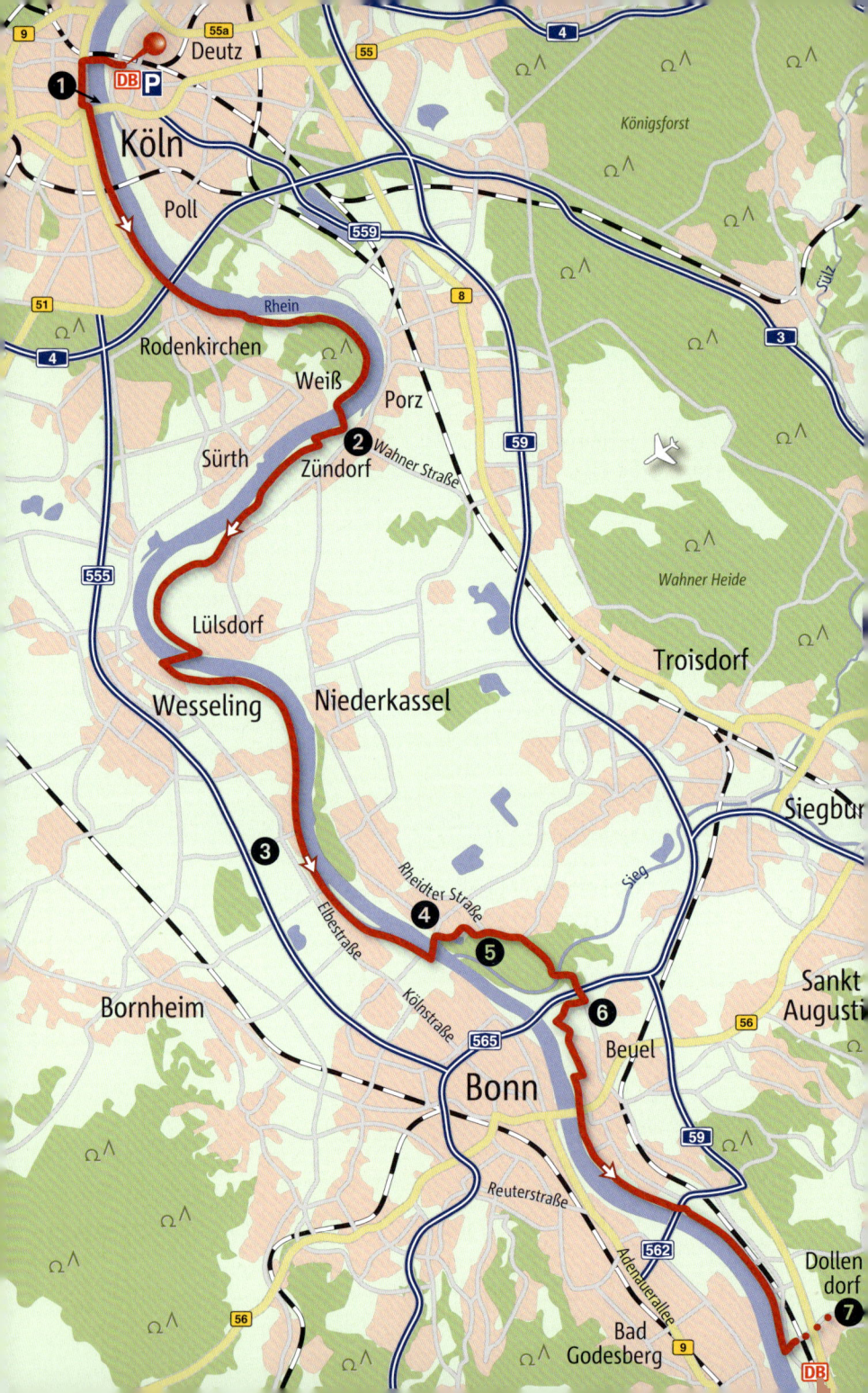

Alles auf einen Blick

Entspannung ✲✲✲✲✲
Genuss ✲✲✲✲✲
Romantik ✲✲✲✲✲

WIE & WANN:
Meist asphaltierte Wege entlang des Rheins; für Ungeübte, Kinder und Anhänger geeignet; zahlreiche Fähren; an Sonn- und Feiertagen stark frequentiert; beste Radelzeit April bis Oktober

HIN & WEG:
Start: Köln-Deutz (GPS: 50.563012, 6.581610)
Auto: Parkpatz Kennedy-Ufer/Charles-de-Gaulle-Platz, Köln-Deutz
ÖPNV: Bf. Köln Messe/Deutz (überregionaler Bahnverkehr, alle Linien)
Ziel: Bf. Niederdollendorf
ÖPNV: Abreise mit RE 8 oder RB 27 nach Köln
Anschlusstour: Tour 3 Mittelrhein von Bonn über Linz nach Remagen

ESSEN & ENTSPANNEN:
Hotel/Restaurant Rheinterrassen ❸ Römerstraße 99, 53332 Bornheim-Widdig, Tel. (0 22 36) 92 20 20, www.hotel-rheinterrassen.de (tägl. 11.30–22 Uhr)
Weingarten Gut Sülz ❼ Bachstraße 157, 53639 Königswinter-Dollendorf, Tel. (0 22 23) 7 87 87 43, www.gut-suelz.de (Di.–Fr. 16–22, Sa./So. 12–22 Uhr, Mo. geschl.)

ENTDECKEN & ERLEBEN:
Rheinauhafen Köln ❶ 50678 Köln
Die Groov ❷ 51143 Köln-Porz/Zündorf
Mondorfer Fähre ❹ 53859 Niederkassel-Mondorf
Fischereimuseum Bergheim/Sieg ❺ Nachtigallenweg 39, 53844 Troisdorf-Bergheim, Tel. (02 28) 94 58 90 17, www.fischereimuseum-bergheim-sieg.de
Doppelkirche Schwarzrheindorf ❻ Dixstraße 41, 53225 Bonn-Schwarzrheindorf, Tel. (02 28) 46 16 09

- 35 Kilometer
- 102 Höhenmeter
- 3 Stunden
- Streckentour

Erpeler Ley

Erfrischungstour 3

Mittelrheinromantik
Burgen, Weinberge und Fachwerk

Um das Mittelrheintal zu erkunden, bietet sich ein Start im rechtsrheinischen Bonner Stadtteil Beuel an.

Bei Anreise mit der Bahn kann man vom dortigen Bahnhofsvorplatz losfahren. Zunächst queren wir den Vorplatz und radeln rechts auf dem linksseitigen Radweg in nördliche Richtung, überqueren zwei Kreuzungen und folgen dem weiteren Verlauf in einem Linksbogen auf die einstige Bahntrasse der Bröltalbahn. Diese führt uns später auf die Rheinpromenade bei Bonn, kurz vor der Brücke folgen wir der Wegweisung links parallel zur Brückenrampe und biegen in einer scharfen Rechtskurve auf die Kennedybrücke ein. Bereits von der Brücke aus bietet sich ein imposanter Ausblick auf die Silhouette von Bonn sowie auf die nördlich liegenden Auenlandschaften. Am linken Ufer angekommen, fahren wir in einer 270-Grad-Rechtsschleife hinunter zum Rheinufer, dort weiter entlang des Radweges, immer den Rhein im Blick.

Nach Passieren der zahlreichen Schiffsanleger mündet der Radweg auf die Promenade; die folgenden Kilometer können wir ungestört von Autos genießen – immer mit dem Blick auf den Rhein sowie auf das sich bereits im Hintergrund abzeichnende Siebengebirge. Über den kunstvoll in Szene gesetzten Planetenlehrpfad ❶ passieren wir das einstige Regierungsviertel, zunächst vorbei am Alten Wasserwerk (ehem. Plenarsaal), anschließend am einstigen Abgeordnetenhochhaus (Langer Eugen), heute Sitz der Vereinten Nationen (UNO). Hier verlassen wir die

Hinweis: Der Bahnhofsbereich um den **Bonner Hbf.** ist für längere Zeit Großbaustelle mit entsprechenden Verkehrseinschränkungen.

Das **Mittelrheintal** südlich von Bonn schneidet sich markant in das Rheinische Schiefergebirge ein und ist geprägt durch zahlreiche Burgen, mittelalterliche Ortskerne und steile Weinhänge.

Erfrischungstour 3

Bonn blickt auf 2000 Jahre Geschichte zurück. Bis 1991 Regierungssitz der Bundesrepublik, hat sich die frühere Bundeshauptstadt mittlerweile zu einer Kulturhochburg entwickelt. Zahlreiche Museen, die innerstädtischen Schlossbauten sowie das Rokoko-Rathaus prägen das Stadtbild bis hin zum modernen gläsernen Post-Tower neben dem heutigen UNO-Hochhaus.

weitläufige Promenade und gelangen auf den deutlich schmaleren Leinpfad. Kurze Zeit später lohnt ein Abstecher (Schleife) in die **Rheinaue** ❷, hierzu folgen wir den Wegweisern in Richtung Adenauerbrücke/Beuel rechts, fahren in einigen Schleifen vorbei an den Kaskaden und den blauen Stelen am dortigen Rheinauensee und unterqueren wenig später die Brücke. Später lassen wir uns den Wegweisern folgend und abermals den See querend wieder zum Rheinufer hinunterrollen, dort geht es auf den Leinpfad rechts und stromaufwärts weiter. Wir passieren einige markante Villengebäude, die hoch umzäunt erkennbar in Privatbesitz sind, und passieren den Rheinuferbereich des Bonner Stadtbezirks **Bad Godesberg** unmittelbar am Fähranleger.

Unsere Fahrt setzen wir auf dem Rheinradweg fort, rechts von uns sehen wir den Kastaniengarten

Blick auf Bonn

Burgen, Weinberge und Fachwerk

Für die Seele

Wir genießen das Mittelrheintal mit all seinen Burgen, Weinhängen und Fachwerkstädtchen.

des geschichtsträchtigen Rheinhotels Dreesen. Gegenüber thront auf der Kuppe des Drachenfelsens die weit erkennbare Burgruine mitsamt Besucherplattform, flankiert von Weinreben am Fuße des Siebengebirges. Nach einer Weile erreichen wir den nächsten Fähranleger in Mehlem unmittelbar am Weinhaus am Rhein mit seiner gemütlichen Außenterrasse. Nun wird der Weg wieder zum schmalen Leinpfad und nach einer Weile passieren wir die Landesgrenze zu Rheinland-Pfalz. Wir fahren an einem Campingplatz vorbei und erkennen die Nordspitze der Rheininsel Nonnenwerth, gelangen auf den Radweg neben der Bundesstraße und landen nach einer Weile am Fähranleger Rolandseck.

*Die 160 ha große **Bonner Rheinaue** entstand 1979 im Rahmen der Bundesgartenschau und ist bis heute Bonns größtes Naherholungsgebiet. Neben zahlreichen Freizeit- und Natureinrichtungen ist der Abenteuerspielplatz bei Familien ein beliebter Treffpunkt.*

Beim Überqueren des Rheins haben wir eine tolle Sicht auf die unmittelbare Umgebung beiderseits des Rheins. Wir erkennen nördlich blickend den Rolandsbogen, ein Relikt der einstigen Rolandsburg. Der Sage nach verließ Hildegard, die Geliebte des Ritters Roland, nach dessen Tod die Burg und zog auf die Insel Nonnenwerth unmittelbar unter der Burg. Lange Zeit galt der Rolandsbogen als Inbegriff der im 19. Jahrhundert aufkommenden Rheinromantik. Auf der rechten Rheinseite liegt mit der Rheininsel Grafenwerth eine weitere Insel, überragt von den Kuppen des Siebengebirges mitsamt Drachenfels und Drachenburg. Ergänzt wird diese Rheinimpression durch das klassizistische Bahnhofsgebäude Rolandseck, im dem heute das Arp Museum Bahnhof Rolandseck ❸ zu finden ist.

Erfrischungstour 3

*Im 2007 eröffneten **Arp Museum Bahnhof Rolandseck** werden auf mittlerweile vier Ausstellungsebenen neben den Exponaten der Moderne auch Wechselausstellungen zu zeitgenössischen Künstlern und unterschiedlichen Themen gezeigt.*

Bei der Ankunft auf der rechten Rheinseite biegen wir hinter dem Fähranleger rechts in die Lohfelder Straße ein, später folgen wir den nun grün-weißen Wegweisern durch eine kleine Schrebergartenkolonie und passieren einen Campingplatz. Im **Biergarten Rhein-Air** ❹ lässt es sich im Schatten eines Baumgartens mit Blick auf den Rhein bequem entspannen. Zusätzlich zu den Biergartentischen stehen auch Liegestühle in einem „Chill-Bereich" mit Strandatmosphäre bereit.

Wir setzen unsere Tour entlang des altes Heerweges fort und erreichen nach einer Weile **Unkel,** ein pittoreskes Rheinstädtchen mit langjähriger (Rot-)Weinanbautradition. Hier haben viele Prominente ihre letzten Lebensjahre verbracht, unter anderem

Mehlemer Weinhäuschen

Blick auf den Rolandsbogen

Apollinariskirche

Burgen, Weinberge und Fachwerk

Altkanzler Willy Brandt, über dessen Lebenswerk heute mitten im Ortskern das Willy-Brandt-Forum informiert. Mitten im verkehrsberuhigten Ort laden gemütliche Weinstuben mit Rebendächern zum Verweilen ein, so z. B. das **Weinhaus Im Lämmlein ❺**. Hier sitzt man unter einem halb offenen Dach, umgeben von Weinreben, und kann sich bei einem Glas heimischen Rebensaftes plus Winzerplatte entspannen.

Wir folgen dem weiteren Verlauf der Wegweiser, die uns im Zickzack durch die schmalen Ortsgassen leiten, und erreichen am Ortsende wieder einen Leinpfad unmittelbar am Rheinufer. An dessen Ende überqueren wir links die Bundesstraße, biegen später rechts durch das Neutor in das kleine, vom Ausflugstourismus weitgehend unbehelligte Rheinstädtchen **Erpel** ein und bestaunen die zahlreichen, teilweise recht aufwendig verzierten Fachwerkfassaden.

Am Marktplatz in Höhe der **Gaststätte om Maat ❻** folgen wir den Wegweisern links, fahren danach in einer Links-rechts-Schleife über die Bahnlinie hinweg, rechts in die Bergstraße und weiter parallel zur Bahn. An der kommenden Gabelung verlassen wir die Straße, nun geht es auf einem geschotterten Weg mit kurzen, kräftigen Anstiegen weiter bis zum Ostportal der ehemaligen Eisenbahnbrücke (Brücke von Remagen). Hier auf halber Höhe des **Erpeler Ley** wird auf einigen Tafeln die Bedeutung der Brücke veranschaulicht, außerdem bietet sich von hier ein toller **Blick über den Rhein ❼** bis weit hinein in die Eifel.

Nun können wir uns hinunterrollen lassen und gelangen kurze Zeit später nach **Kasbach**. Den Wegweisern folgend unterqueren wir dort links eine Bahnlinie und erreichen **Ockenfels**. Hier überbrücken wir rechts die Bahngleise der Rheinstrecke, machen dahinter eine 180-Grad-Kehre und fahren rechts weiter parallel zur Bahn bis in Höhe des Bahnhofs von Linz, dort rechts zur **B 42**, die wir vorsichtig überqueren müssen, um danach über einen Trampelpfad den Fähranleger zu erreichen. Ein vorheriger Abstecher

Remagen blickt auf eine 2000-jährige Geschichte als Römerlager zurück, neben der markanten romanischen Kirche St. Peter und Paul befindet sich das Römische Museum. In nördliche Richtung überragt die neogotische Apollinariskirche den Rheinort.

Erfrischungstour 3

in die „Bunte Stadt am Rhein", wie sich Linz ❽ selbst bezeichnet, lohnt sich. An Sonn- und Feiertagen muss jedoch mit vielen Besuchern gerechnet werden. Mit der Fähre gelangen wir schnell auf die linke Rheinseite zur einstigen Treidelstation Kripp, heute ein Ortsteil von Remagen. Ab hier lässt sich die Radtour ahraufwärts anschließen (Tour 4), ansonsten radeln wir wieder rheinabwärts und sehen hierbei auf die Erpeler Ley, eine weitere markante Basaltkuppe entlang des Mittelrheins. Das Gegenstück zum Ostportal der Brücke steht nun unmittelbar am Rheinradweg und dokumentiert als Friedensmuseum Brücke von Remagen ❾ die historische Bedeutung der damaligen Eisenbahnbrücke im letzten Weltkrieg. Nun ist es nicht mehr weit bis zu unserem Zielort, der einstigen Römergründung Remagen. Die Uferpromenade kann wegen der vielen Spaziergänger nur schiebend passiert werden, ab hier geht es später links über die Pintgasse, Kirchstraße und Marktstraße und Händelstraße zum Bahnhof Remagen. Eine alternative Rückfahrmöglichkeit nach Bonn bietet sich mit dem Schiff an, dann lässt sich der gesamte Streckenverlauf aus einer ganz anderen Perspektive und entspannt erleben.

Neutor Erpel

Alles auf einen Blick

Entspannung ✴✴✴✴✴
Genuss ✴✴✴✴✴
Romantik ✴✴✴✴✴

WIE & WANN:
Meist asphaltierte Wege entlang des Rheins; für Ungeübte, Kinder und Anhänger geeignet; einige Fähren; an Sonn- und Feiertagen stark frequentiert; beste Radelzeit April bis Oktober

HIN & WEG:
Start: Bf. Bonn-Beuel (GPS: 50.441122, 7.74366)
Auto: Park + Ride am Bf. Bonn-Beuel
ÖPNV: RE 8, RB 27 (Mönchengladbach/Rommerskirchen–Köln–Koblenz)
Ziel: Bf. Remagen
ÖPNV: Abreise mit RE 5 (Koblenz–Köln–Wesel), MRB 26 (Koblenz–Köln), RB 30 (Ahrbrück–Remagen/Bonn); einzelne IC
Anschlusstour: Tour 4 Entlang der Ahr von (Remagen-)Kripp nach Altenahr

ESSEN & ENTSPANNEN:
Biergarten Rhein-Air ❹ Heerstraße 48, 53619 Rheinbreitbach, Tel. (0 22 24) 9 89 93 03, www.rheinmeile.com (März–Okt. tägl. ab 12 Uhr)
Weinhaus Im Lämmlein ❺ Pützgasse 6, 53572 Unkel, Tel. (0 22 24) 31 79, www.im-laemmlein.de (Di.–Sa. 14–22, So. 12–22 Uhr)
Gaststätte Om Maat ❻ Marktplatz 6, 53579 Erpel, Tel. (0 26 44) 24 95, www.om-maat.de (Mi.–Fr. 11–14, 17–22, Sa./So. 11–22 Uhr, Mo./Di. geschl.)

ENTDECKEN & ERLEBEN:
Rheinpromenade Bonn mit Planetenlehrpfad ❶
Rheinaue Bonn ❷
Arp Museum Bahnhof Rolandseck ❸ Hans-Arp-Allee 1, 53424 Remagen-Rolandseck, Tel. (0 22 28) 9 42 50, www.arpmuseum.org
Ausblick Ostportal (Erpeler Ley) ❼ Bergstraße 23, 53579 Erpel, Tel. (0 26 44) 46 43, www.ad-erpelle.de
Altstadt Linz am Rhein ❽
Friedensmuseum Brücke von Remagen ❾ An der Alten Rheinbrücke 11, 52424 Remagen, Tel. (0 26 42) 2 18 63, www.bruecke-remagen.de

- 36 Kilometer (ohne Abstecher)
- 210 Höhenmeter
- 3 Stunden
- Streckentour

Ahrradweg

Erfrischungstour 4

Stein und Wein
Entlang der Ahr

Start der Tour ist am Bahnhof **Remagen,** von hier aus halten wir uns zunächst links, radeln später durch die Milchgasse, dann rechts und die Deichstraße bergab, um am Rheinufer rechts auf die Rheinpromenade zu schwenken. Das Schieben entlang der Promenade erlaubt uns einen Blick auf den Rhein sowie die Umgebung, in Höhe Poststraße können wir wieder im Sattel weiter stromaufwärts entlang des Rheins radeln. Wir passieren das **Friedensmuseum Brücke von Remagen** (siehe auch Tour 3). Am Fähranleger von **Kripp** angekommen, fahren wir zunächst halb links auf dem Rad-/Gehweg entlang des Rheins weiter, am Rechtsknick der Bundesstraße folgen wir deren Verlauf auf dem linksseitigen Radweg, um kurz danach links der Wegweisung zu folgen (Badenacker). Die Route verzweigt nochmals und wir fahren geradeaus durch das Schutztor des Hochwasserdamms in die Ahraue, vorbei am Klärwerk sowie begleitet von Schrebergärten und zahlreichen Streuobstwiesen in Richtung **Sinzig.** Schon von Weitem können wir die ersten Eifelberge ausmachen, sie sind vulkanischen Ursprungs. Ihnen verdankt die Region im Unterlauf der Ahr die zahlreichen Mineralquellen, die wir teilweise passieren. Nach Unterquerung der Bahn erreichen wir die ersten Häuser der Barbarossastadt Sinzig, deren Ortskern jedoch etwas abseits unserer Flusstour liegt. Wir überqueren erstmals die Ahr und fahren auf deren Südseite weiter.

Nach einer Weile macht uns ein Hinweisschild auf eine Quelle am Sinziger Mineralbrunnen auf-

*Das **Ahrtal** ist regional das bedeutendste Rotweinanbaugebiet. Wegen seiner geologischen Besonderheit und klimatischen Gunstlage wurde hier bereits zu Römerzeiten Weinbau betrieben. Sehenswert sind die zahlreichen Mineralquellen, der Altstadtkern von Ahrweiler sowie die Streckenführung durch alte Bahntunnel.*

Erfrischungstour 4

*Geprägt von der Architektur der Gründerzeit bildet **Bad Neuenahr** das Zentrum des Ahrtals. Das Thermalbadehaus, der Kurpark mit altem Baumbestand sowie weitere Parkanlagen lohnen einen Zwischenstopp. Weltbekannt wurde der Ort vor allem durch die Mitte des 19. Jhs. entdeckte Apollinarisquelle, symbolisiert durch den Großen Sprudel inmitten des Kurparks.*

merksam; wer möchte, kann sich hier erstmals am kohlensäurigen Wasser laben. Ansonsten setzen wir unsere Tour entlang der Ahraue fort, queren später die Ahr, überqueren einen Mühlenbach und biegen links in Richtung Bodendorf ein. Ein markantes Denkmal an einer Gedenkstätte erweckt unsere Aufmerksamkeit, nicht weit davon weist eine Infotafel auf die historische Bedeutung des Königsweges hin.

Wir verlassen nun die Auenlandschaft und fahren über Feldwege vorbei an leuchtendem Klatschmohn und Kornblumen nach **Bad Bodendorf,** folgen dort den Wegweisern, biegen später in die Bäderstraße ein und erreichen erneut die Ahr. Wir überqueren diese ein weiteres Mal, biegen dahinter in einer 180-Grad-Kurve links ab, am Uferweg fahren wir erneut links. Nun geht es wieder ohne störenden Autoverkehr durch die zum Teil recht dicht bewachsene Ahraue, hier und da erlauben uns kleine Lichtungen einen Blick in die Umgebung. Später führt uns der Weg vom Uferbereich weg, wir verlassen uns auf die Wegweiser, die uns zunächst über einen Mühlengraben

Kurhaus Bad Neuenahr

Entlang der Ahr

Für die Seele

Wir lassen uns von bizarren Schluchten, Tunneldurchfahrten, mittelalterlichen Ortskernen und Mineralquellen beeindrucken.

und anschließend über eine Bruchsteinbrücke führen. In Höhe von **Lohrsdorf** biegen wir links ein und folgen dem Uferweg, rechts von uns sehen wir **Heimersheim.** Am Wegende geht es rechts auf einem Radweg neben der Straße über eine Brücke, dahinter an einer Kreuzung scharf links den Wegweisern folgend weiter auf der Südseite der Ahr entlang. Oberhalb von uns verläuft die Bundesstraße, später queren wir erneut die Ahr, nun geht es auf der nördlichen Uferseite hinein bis nach Bad Neuenahr mit dem **Apollinarisbrunnen** ❶.

Der Uferweg führt uns weiter durch den Kurort, wo allerdings an Sonn- und Feiertagen recht viele Spaziergänger und Tagestouristen unterwegs sind. Nach Passieren des Kaiserin-Auguste-Viktoria-Parks macht die Route einen Links-Rechts-Versatz; vorbei am Rosengarten mit der Farbenfülle seiner Pflanzen erreichen wir später die Ahrallee, die uns nach einer Weile durch das Ahrtor ins **mittelalterliche Ahrweiler** ❷ führt.

Zurück durch das Ahrtor folgen wir den Wegweisern rechts über die Brücke auf dem Radweg neben der Straße. Wir verlassen diese kurz darauf rechts, folgen den Wegweisern in einigen Versetzen hinaus aus Ahrweiler und überqueren in Höhe des mittlerweile aufgelösten **Klosters Calvarienberg** die Ahr. Hier fahren wir erstmals mitten durch die Weinfelder, deren überwiegend rote Trauben uns vor allem in den Sommermonaten auffallen. Kurz darauf erreichen wir die ersten Straßen von **Walporzheim,** wir

Bereits vor den Römern prägten Kelten und Germanen die Stadtgeschichte **Ahrweilers.** Beeindruckend sind die nahezu vollständig erhaltene Stadtmauer einschließlich Wallgraben, vier Stadttoren und Türmen aus dem 13. Jh., zahlreiche Fachwerkhäuser sowie die Hallenkirche St. Laurentius. Ein weiteres Highlight außerhalb der Stadtmauern stellt die 1980 entdeckte Römervilla dar.

Erfrischungstour 4

*Das **Mittlere Ahrtal** mit seinen engen Schluchten ist das Ergebnis eines recht intensiven Gebirgshebungsprozesses mit anschließender Tiefenerosion. Hierbei konnte die Ahr ihr Engtal mit bis zu 200 m hohen, steilen Talwänden ausbilden.*

biegen dort links auf die Josefstraße und kurz darauf rechts auf die Ahrstraße ein. Erste Winzerstuben verlocken zu einer Probe des hier hauptsächlich ausgeschenkten Spätburgunders.

Am Ortsende führt uns der Weg in einer Rechts-links-Schleife zuerst entlang der Landstraße, später parallel zur Ahrtalbahn auf dem einst zweiten Gleis. Das Tal wird nun merklich enger, die Weinlagen steiler und die Felsformationen bizarrer, so wie die **Bunte Kuh** ❸, hierum ranken sich viele Legenden. So sollen durchziehende Soldaten Napoleons nach Genuss des Weines laut gerufen haben „C'est bon de Gout", das klang für die Einheimischen wie „Bunte Kuh". Tatsächlich entstand dieser Felsen im 19. Jahrhundert bei Sprengungsarbeiten für den Straßenbau.

Kurz darauf fällt uns die Ruine des **Klosters Marienthal** ❹ auf, eines Weilers von **Walporzheim**. Hier lohnt sich ein Abstecher, um neben der Besichtigung des zu Zeiten Napoleons niedergelegten Klosters die dortige Weinmanufaktur **Weingut Schumacher** ❺ zu besuchen und etwas über den heimischen Wein zu erfahren. In der einst preußischen Weinbaudomäne wurden von 1925 bis 2004 diverse Weinsorten gezüchtet, heute leben die hiesigen Winzer vom Weintourismus.

Zurück auf dem Bahndammradweg erreichen wir kurze Zeit später **Dernau,** den größten Weinort im Ahrtal. Hier laden einige Winzerstuben zu einer Rast ein, z. B. die **Straußwirtschaft Im Burggarten** ❻ mit ihren besonders leckeren Quiches. Über die am Bahnhof liegende Brücke queren wir die Ahr, fahren auf der Nordseite weiter, wechseln über eine Bruchsteinbrücke später erneut die Flussseite und radeln wieder entlang der Weinfelder und parallel zur Ahrtalbahn bis **Rech.**

Wir folgen dem Verlauf der Route rechts auf die Hauptstraße, verlassen diese sofort links und biegen nochmals links ab, in Höhe des Haltepunktes erreichen wir den Bahntrassenradweg, dieser verläuft auf

Bunte Kuh

Blick auf die Ahr

Entlang der Ahr

dem einst zweiten Bahngleis parallel zur Ahrtalbahn. Wir genießen die Ruhe abseits der weiter talwärts verlaufenden Landstraße innerhalb der rechts und links steil aufragenden Berge mit zum Teil dichtem Waldbestand und sehen kurze Zeit später auf einer Bergkuppe die Saffenburg, die älteste Burgruine im Ahrtal. Spannend ist die anschließende Fahrt durch den gleichnamigen Tunnel ❼, der uns bis zum Bahnhof in Mayschoß, dem nächsten Weinort, führt. Hier ist die weltweit älteste Winzergenossenschaft (150-jähriges Jubiläum im Jahr 2018) beheimatet, unter der heute 145 Hektar Rebfläche bearbeitet werden. Lohnenswert ist eine Einkehr im Hotel Weinhaus Kläs & Sohn ❽, hier ist der zur Pilzsaison kreierte Pfifferlingssalat in Kräutercrêpes zu empfehlen – zusammen mit einem guten Tropfen Ahrwein.

Nun geht es weiter, zunächst durch Weinfelder und Wiesenlandschaft, später wieder auf dem Bahntrassenweg neben der Ahrtalbahn. Dann verläuft die Bahn mitsamt Radweg in einem lang gezogenen Rechtsbogen, in Höhe der kommenden Tunneleinfahrt knickt der Weg ab und führt hinunter zur Ahr. Über eine überdachte Holzbrücke queren wir zunächst die Ahr, dahinter geht es parallel zum Fluss und der Straße weiter, kurz danach über eine neu gebaute Schrägseilbrücke wieder über die Ahr hinweg. Nun wird es ruhig und wir können die zauberhafte Landschaft des hier tief in das Mittelgebirge eingeschnittenen Ahrtals genießen, denn dank der Fertigstellung des Radweges zwischen Laach und Altenahr im Jahr 2015 muss nicht mehr die stark frequentierte Straße mitbenutzt werden. So durchfahren wir ein schluchtartiges Tal und erreichen kurz danach den Ditschhardt-Tunnel, den wir durchqueren. Wenige Meter später gelangen wir auf den Bahnsteig der Ahrtalbahn in Altenahr. Der Ort mit seiner markanten Burgruine Are ist geprägt von Ausflugs- und Weintourismus. Ab hier bringt uns die Bahn zurück zum Startpunkt.

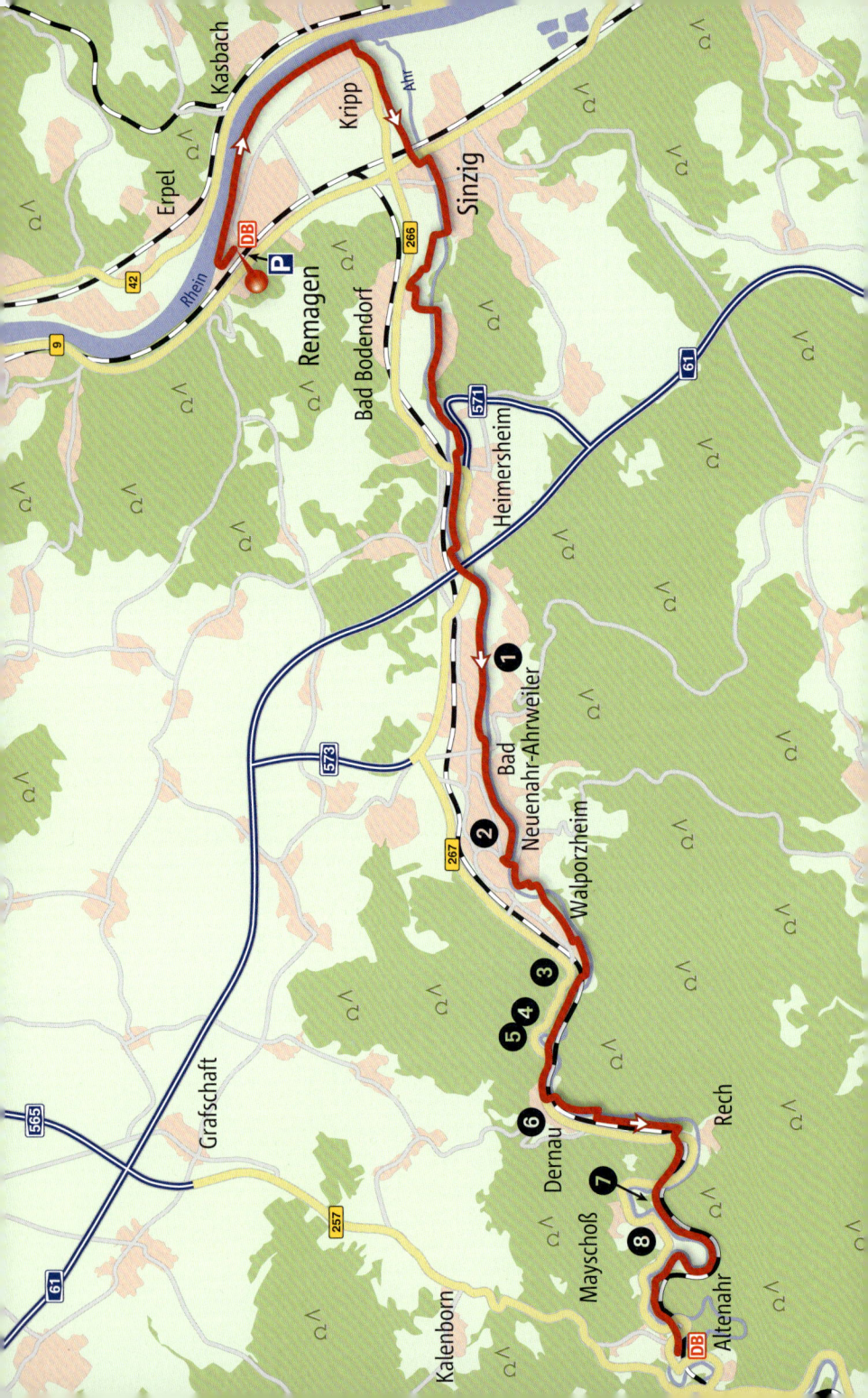

Alles auf einen Blick

Entspannung ✳✳✳✳✳
Genuss ✳✳✳✳✳
Romantik ✳✳✳✳✳

WIE & WANN:
Einige wenige Anliegerstraßen; nicht asphaltierte alte Bahntrasse; einige (kleinere) Steigungen; für Ungeübte, Kinder und Anhänger geeignet; beste Radelzeit April bis Ende Oktober

HIN & WEG:
Start: Bf. Remagen (GPS: 50.343839, 7.134546),
Auto: Park + Ride am Bf. Remagen
ÖPNV: RE 5 (Wesel–Köln–Koblenz), MRB 26 (Köln–Koblenz), RB 30 (Bonn/Remagen–Ahrbrück)
Ziel: Bf. Altenahr
ÖPNV: Abreise mit RB 30 (Ahrbrück–Remagen/Bonn)

ESSEN & ENTSPANNEN:
Weingut Paul Schumacher ❺ Marienthaler Straße 6, 53474 Bad-Neuenahr-Marienthal, Tel. (0 26 41) 43 45, www.weingut-ps.de (Mo., Di., Do., Fr. 9–12, Sa./So. 10–20 Uhr, Mi. geschl.)
Straußwirtschaft Im Burggarten ❻ Burgstraße 6, 53507 Dernau, Tel. (0 26 43) 79 84, www.kreuzberg-burggarten.de (Apr.–Aug. Fr./Sa. 12–22, So. 12–20, Sept./Okt. Mi./Do. 12–20, Fr./Sa. 12–22, So. 12–20, Mo./Di. geschl., Nov. Sa./So. 12–20 Uhr)
Hotel Weinhaus Kläs & Sohn ❽ Ahr-Rotweinstraße 50, 53508 Mayschoß, Tel. (0 26 43) 16 57, https://weinhaus-klaes.de (Mi.–So. 12–14.30 u. 17.30–21 Uhr, Mo./Di. geschl.)

ENTDECKEN & ERLEBEN:
Apollinarisbrunnen ❶ Kurgartenstraße 13, 53474 Bad-Neuenahr, www.bad-neuenahr-ahrweiler.de
Mittelalterliches Ahrweiler ❷
Bunte Kuh ❸ 53474 Bad-Neuenahr-Marienthal
Klosterruine Marienthal ❹ 53474 Bad-Neuenahr-Marienthal
Ruine (Tunnel) Saffenburg ❼ 53508 Mayschoß

Erfrischungstour 5

Neue Naturen
Ehemaliger Tagebau an der Mittelerft

Startpunkt der Tour ist der „Höhenbahnhof" Erftstadt im Ortsteil Liblar. Vom neu gestalteten Bahnhofsplatz orientieren wir uns links, am Kreisel wieder links auf dem Radweg neben der Kreisstraße. An der Knoten-Nr. 44 folgen wir der Wegweisung rechts in Richtung Lechenich. Hinter dem dritten Kreisverkehr sehen wir linker Hand die einstige Buschfelder Mühle.

Über mehrere Jahrhunderte waren die mit Naturkraft betriebenen Mühlen lebensnotwendig für die Versorgung der Menschen. Um unabhängig von Jahreszeit oder Wasserstand die Mühlen betreiben zu können, wurden häufig Kanäle bzw. Gräben parallel zum Fließgewässer angelegt. Gleichzeitig wurde mit dem Bau von Kanälen und Mühlengräben der Versumpfung vorgebeugt.

Kurz danach queren wir erstmals die Erft mitsamt parallel verlaufendem Erft-Radweg, wir fahren geradeaus weiter, passieren das Gestüt Römerhof sowie einen Hinweis auf die hier früher kreuzende Römerstraße (Agrippastraße von Köln über Trier und Lyon nach Marseille) und orientieren uns am großen Kreisel halb links, fahren unter der Unterführung hindurch und gelangen nach Lechenich. Ab hier folgen wir der Wegweisung und erreichen über die Bonner Straße das Bonner Tor, ein Relikt der einst mittelalterlichen Stadtbefestigung. Wir orientieren uns an den Wegweisern rechts und fahren im Zickzack durch den historischen Ortskern bis zum Eingang der Landesburg ❶. Lechenich war im Mittelalter aufgrund seiner

Erfrischungstour 5

strategischen Lage Schauplatz vieler kriegerischer Auseinandersetzungen zwischen den Kölner Erzbischöfen und den Grafen von Jülich, doch blieb die dortige Burg weitgehend unzerstört. Die Stadtmauer wich Mitte des 19. Jahrhunderts dem Bau einer Bezirksstraße. Gebäude aus dem 19. und 20. Jahrhundert prägen heute das Bild der Altstadt. Das Gelände der Landesburg ist in Privatbesitz und kann nicht besichtigt werden, doch der sie umgebende Schlosspark lädt zum Verweilen ein.

Von der Einfahrt der Landesburg kommend biegen wir rechts auf den Radweg neben der L 162 ein und folgen deren Verlauf bis Konradsheim. Hier müssen wir hinter dem Obsthof rechts weiterfahren, doch vorher lohnt ein Abstecher geradeaus zur wenige Meter entfernten Burg Konradsheim ❷ aus dem 14. Jahrhundert. Eine kleine Pause im Innenhof der Burganlage kommt gerade recht, hier findet immer Anfang Oktober ein Kürbisfest statt.

Weiter geht es ein Stück zurück zur Straße Am Golfplatz, dort links, über den Rotbach hinweg dahinter in einer 180-Grad-Linksschleife zum Feldweg

Das **Barockschloss Gymnich** aus dem 17. Jh. war über viele Jahrhunderte Stammsitz der Herren von Gymnich. Seinen kurfürstlichen Charakter konnte das Schloss erhalten, zu Zeiten der „Bonner Republik" diente es als Gästehaus der Bundesregierung und später als Wohnsitz der Kelly Family.

Hofladen in Konradsheim

Ehemaliger Tagebau an der Mittelerft

Für die Seele

Wir erleben den Wandel einer Flussregion mit alten Mühlen und Wasserburgen sowie neu entstandenen Landschaften auf einstigen Tagebaugebieten.

parallel zum Rotbach, kurz danach über die Autobahn hinweg, an der Kreuzung links auf den Erft-Radweg. Der Lärm der Autobahn sowie das Zwangskorsett der Erft mit seiner artenarmen Flora gestalten den folgenden Verlauf der Tour nicht gerade spannend. Das ändert sich jedoch mit Verlassen des Erft-Radweges in Richtung Gymnich zum nächsten Highlight der Tour, dem in der Erftniederung gelegenen Schloss Gymnich ❸. Allerdings können wir das Anwesen nur jenseits der Mauer betrachten, da zurzeit kein Zutritt auf das Gelände möglich ist.

Seit bald 800 Jahren findet im Hauptort zu Ehren des Ritters Arnold I. von Gymnich an Christi Himmelfahrt der „Gymnicher Ritt", eine Reiter- und Fußpilgerprozession, statt.

In Höhe der Balkhausener Straße 17 biegen wir rechts ein, der weitere Routenverlauf führt über Felder, später am Wegende rechts über die Autobahn hinüber in die Erftaue, über eine Lindenallee gelangt man zur Gymnicher Mühle ❹.

In den letzten Jahren entstand hier ein Naturparkzentrum mit angegliedertem Museum zur Landschafts- und Siedlungsgeschichte der Region, der absolute Besuchermagnet ist jedoch neben dem alten Mühlenrad am Graben das Wassererlebniszentrum. Entlang eines nachgebauten Bachlaufs mit sechs Stationen, zahlreichen Freiflächen und einem Aussichtspunkt lässt sich das Thema „Wasser" hautnah erleben, vor allem an heißen Tagen ist hier richtig viel Betrieb.

Bereits im frühen Mittelalter (9. Jh.) wird die **Gymnicher Mühle** erstmals erwähnt. Sie wurde als Getreide- und bis Mitte der 1940er-Jahre auch als Ölmühle genutzt.

Erfrischungstour 5

Nach Verlassen des Geländes halten wir uns rechts und folgen der Wegweisung in Richtung Türnich. Vorbei an der Falknerei radeln wir ein Stück in südliche Richtung durch die Erftauen, die hier von der **Kleinen Erft** durchflossen werden. Infotafeln am Wegesrand weisen auf Schutz- und Renaturierungsprojekte hin. So wird zwischen Schloss Gymnich, Gymnicher Mühle und Schloss Türnich eine 5 Kilometer lange Lindenallee angepflanzt. Auch soll nach Beendigung der Braunkohleförderung vor allem die **Große Erft** wieder in ihrem früheren Flussbett fließen, aus dem sie vor etwa 150 Jahren in mehreren Phasen verlegt bzw. ihr Verlauf als Kanal begradigt wurde. Wir überqueren die Große Erft und halten uns zunächst links, an der kommenden Kreuzung fahren wir rechts in Richtung Türnich, danach rechts in den Schlosspark, gleichzeitig Zufahrt zu unserem nächsten Zwischenstopp. Hier befindet sich ein weiteres Kleinod barocker Schlossbaukunst. Das bereits im 9. Jahrhundert erwähnte **Schloss Türnich** ❺ wurde Mitte des 18. Jahrhunderts ähnlich dem Grundriss von Schloss Falkenlust bei Brühl (siehe Tour 12) errichtet. Wegen der Grundwasserabsenkung durch den Braunkohleabbau ist das Anwesen in einem sehr baufälligen Zustand und wird zurzeit saniert. Die heutigen Schlossbesitzer versuchen, mit dem Anbau und Verkauf von Obst sowie mit dem **Café** ❻ (selbst gemachter Kuchen) im Innenhof einen Teil der Sanierungskosten zu erwirtschaften. Ebenfalls bemerkenswert ist die Präsenzbibliothek in der Vorburg, deren Bestände bis in das Jahr 1590 zurückreichen.

Neben der Schlosskapelle ziert ein Barockgarten das Gelände, der öffentlich zugängliche Schlosspark mit seiner prachtvollen Lindenallee und den Steinarbeiten eines slowenischen Bildhauers weist eine Vielzahl verschiedener, zum Teil exotischer Bäume und Sträucher auf. Hinter der Schlossausfahrt rechts verlassen wir über die Lindenallee den Schlosspark, überqueren an deren Ende im Schutz einer Ampel die dor-

Haupttor von Schloss Türnich

Ehemaliger Tagebau an der Mittelerft

tige Straße und fahren später entgegen der Wegweisung geradeaus auf der Maximilianstraße weiter leicht bergan, queren in Höhe des Industrie- und Gewerbeparks Türnich die dortige Landstraße, biegen wenig später den Wegweisern folgend rechts ein und befinden uns kurz danach im mittlerweile rekultivierten und landwirtschaftlich genutzten Tagebaugebiet. Im Spätsommer wirkt diese Fläche sehr ausgeräumt, daher können wir inmitten des Marienfeldes bereits unser nächstes Ziel ausmachen. Wir folgen den Wegweisern zunächst links und dann rechts und fahren auf den Papsthügel im Marienfeld 7 zu.

Nach diesem Abstecher bleiben wir zunächst auf dem Weg in nördliche Richtung, folgen der Wegweisung an der kommenden Kreuzung links und tauchen nun ein in einen aufgeforsteten Bereich der Rekultivierungsfläche. Rechts der Route geben uns einzelne Landschaftsbalkone den Blick frei auf den Boisdorfer See. Diese Wasserfläche wurde ebenfalls angelegt und nach dem gleichnamigen Ort benannt, der im Rahmen des Tagebaus aufgegeben wurde.

Der Weg wird nun etwas uneben und sandig, wir folgen der Wegweisung zunächst scharf rechts in Richtung Kerpen, passieren einen Landwirtschaftsbetrieb und biegen an der nächsten Gabelung links ein. Vom Aussichtspunkt Mödrath 8 lässt sich ein Blick zurück auf das Marienfeld und die rekultivierte Tagebaufläche werfen. Die unter uns liegende Senke dient bei extremem Erft-Hochwasser als Wasserstandsausgleichsfläche.

Wir setzen unsere Fahrt fort, zunächst vorbei am Gestüt Mödrath, kurz danach vorbei an Haus Mödrath, lange Zeit Sitz des bekannten rheinischen „Burgensammlers" Hillebrand. An der Ampel überqueren wir die dortige Straße in Fahrtrichtung und orientieren uns geradeaus auf dem Radweg neben der L 162 in Richtung Kerpen. Nach Überquerung der Autobahn biegen wir rechts ein (Tälerroute Neffelbach), am Wegende links, dann passieren wir das Landhauscafé

*Das **Marienfeld**, benannt nach dem einstigen Wallfahrtsort Kloster Bottenbroich, ist Teil des ehemaligen Tagebaugebietes Frechen. Zu diesem eigens aufgeschütteten Hügel pilgerten 2005 etwa 1 Mio. Besucher aus 188 Nationen zur Vigil und Abschlussmesse mit Papst Benedikt XVI. beim 20. Weltjugendtag.*

Erfrischungstour 5

Schlösser ❾, wo man im dortigen Außengarten pausieren kann.

In Höhe der Feuerwehrausfahrt bei Mödrath orientieren wir uns rechts entlang einer Kastanienallee zum 1262 erstmals erwähnten und Ende des 15. Jahrhunderts errichteten Schloss Lörsfeld ❿. Inmitten zweier Naturschutzgebiete gelegen, wurde das Schloss 1840 erstmals umgebaut. Aus der Zeit des Umbaus stammen die noch heute erhaltenen Parkettböden, Türen und Stuckdecken. Der damalige Besitzer, Adolf von Fürstenberg, legte auch den englischen Landschaftsgarten an, der 1903 erweitert wurde. Im Zweiten Weltkrieg wurde das Schloss stark in Mitleidenschaft gezogen. Später litt es unter den Grundwasserabsenkungen des Braunkohletagebaus. In den 1990er-Jahren begannen die neuen Besitzer mit umfangreichen Sanierungs- und Renovierungsarbeiten.

Nach dem Abstecher auf das Schlossgelände fah-

Ehemaliger Tagebau an der Mittelerft

ren wir weiter entlang der Route und überqueren die Autobahn. Auffallend ist die parallel verlaufende „Grüne Brücke", die Tieren die Gelegenheit bietet, gefahrlos zwischen den Wald- und Brachflächen beiderseits der Autobahn zu wechseln. Die anschließenden Naturschutzgebiete, **Kerpener Bruch** und **Parrig,** sind Restbestände einst weit verbreiteter Hartholzauen aus Eichen, Ulmen und Erlen in der Erftniederung. Diese Flächen sind die ältesten Schutzflächen im Bereich des nördlichen Ville-Braunkohlereviers.

Vor Querung der Erft biegen wir links ein, unterqueren den Trog der Autobahn **A 4,** der hier in das Auengebiet hineinreicht, und folgen dem Routenverlauf der rot-weißen Wegweiser. Wir kommen zu einer Gabelung, fahren dort geradeaus, biegen kurz vor Erreichen der Bahnunterführung links ein und gelangen kurze Zeit später barrierefrei zum Bahnsteig der **S-Bahn-Haltestelle Sindorf.**

Spätsommer in Kerpen

Alles auf einen Blick

Entspannung ✹✹✹✹✹
Genuss ✹✹✹✹✹
Romantik ✹✹✹✹✹

WIE & WANN:
Einige Radwege, ansonsten ruhige Nebenstrecken; für Ungeübte, Kinder und Anhänger geeignet; beste Radelzeit April bis Oktober

HIN & WEG:
Start: Bf. Erftstadt (GPS: 50.482457, 6.495700)
Auto: Park + Ride am Bf. Erftstadt
ÖPNV: RE 12, RE 22 (Köln–Trier) und RE 24 (Köln–Kall)
Ziel: Bf. Sindorf (Kerpen)
ÖPNV: Abreise mit S 13/S 19 Richtung Düren bzw. Richtung Köln

ESSEN & ENTSPANNEN:
Café Schloss Türnich ❻ Schloss Türnich, 50169 Kerpen-Türnich, Tel. (0 22 37) 97 46 91, www.schloss-tuernich.de (Mi.–Fr. 11–18, Sa./So. 11–18 Uhr, Mo./Di. geschl.)
Landhauscafé Schlösser ❾ Zum Parrig 1, 50171 Kerpen-Mödrath, Tel. (0 22 37) 6 06 99 40, www.landhausschloesser.de (Mi.–Fr. 17–22.30, Sa./So. 11.30–22.30 Uhr, Mo./Di. geschl.)

ENTDECKEN & ERLEBEN:
Landesburg Lechenich ❶ Schlossstraße, 50374 Erftstadt-Lechenich
Burg Konradsheim ❷ Frenzenstraße, 50374 Erftstadt-Konradsheim
Schloss Gymnich ❸ Balkhausener Straße, 50374 Erftstadt-Gymnich (nur von außen zu besichtigen)
Naturparkzentrum Gymnicher Mühle ❹ Gymnicher Mühle 1, 50374 Erftstadt-Gymnich, Tel. (0 22 37) 6 38 80 20, www.naturparkzentrum-gymnichermuehle.de
Schloss Türnich ❺ Schloss Türnich, 50169 Kerpen-Türnich, Tel. (0 22 37) 97 46 97, www.schloss-tuernich.de
Papsthügel Marienfeld ❼ 50226 Frechen
Aussichtspunkt Mödrath ❽
Schloss Loersfeld ❿ Schloss Loersfeld, 50171 Kerpen

Haus Arff

- 40 Kilometer
- 66 Höhenmeter
- 3 Stunden
- Rundtour

Entschleunigungstour 6

Los geht's am S-Bahnhof in **Köln-Worringen,** wo wir am Bahnhofsvorplatz rechts auf dem Radweg links der Straße einbiegen. An der kommenden Gabelung fahren wir rechts durch die Unterführung und folgen später der Wegweisung links durch die Quettinghofstraße. Deren Hauptverlauf mitten durch den Doppelort **Roggendorf-Thenhoven** macht später einen Rechtsknick, dem wir folgen. Anschließend fahren wir über die Sinnersdorfer Straße hinweg zum **Gilleshof.** In Höhe des Stromhäuschens geht es links weiter, dann der Wegweisung folgend durch die Unterführung, dahinter weiter in Fahrtrichtung vorbei an einem Reiterhof, dahinter im Rechtsbogen und links über die Autobahn hinweg. An der nächsten Gabe-

(Rh)Eingebettet
Klöster und Burgen am Niederrhein

lung fahren wir geradeaus weiter, in der Folge orientieren wir uns an den Wegweisern, bis wir später links auf den Further Weg einbiegen.

Kurz danach queren wir den Kölner Randkanal. Dieser etwa 20 Kilometer lange kerbförmige Kanal, der bei Worringen in den Rhein mündet, wurde in den 1950er-Jahren gebaut und sorgt neben der Abführung von Grundwasser aus den benachbarten Braunkohletagebaugebieten (siehe auch Touren 5 und 14) außerdem für Entwässerung sowie bei Hochwasserereignissen für einen kontrollierten Abfluss. In Höhe des **Further Hofs** lohnt ein Abstecher rechts einige Meter weiter nördlich zum dortigen **Landschlösschen Haus Arff** ❶. Wir können es uns nur von außen anse-

Entschleunigungstour 6

*Das Mitte des 18. Jhs. in der heutigen Form errichtete **Schloss Arff** zählte einst zu den barocken Prachtbauten des Rheinlands („Maison de Plaisance"). Das im 14. Jh. errichtete Bauwerk liegt inmitten eines sumpfigen und hochwassergefährdeten Areals, eines alten Rheinarms, und wurde deshalb auf Baumpfählen errichtet.*

hen, da es in Privatbesitz ist. Markant sind seine uhrenbesetzte Dachhaube sowie die den Treppenaufgang flankierenden Linden.

Wir radeln zurück zur letzten Abzweigung und setzen unsere Tour entlang des Further Wegs fort. Am Wanderparkplatz am Waldrand folgen wie den Wegweisern rechts und sind kurz danach auf dem Hauptweg inmitten des **Chorbusches** ❷. Dieser bietet uns vor allem an heißen Sommertagen wohltuenden Schatten. Das im Norden Kölns gelegene zusammenhängende Waldgebiet mit seinen unterschiedlichen Baumarten ist heute größtenteils Naturschutz- und FFH-Gebiet, hier sind fast alle einheimischen Gehölze wie z. B. Hainbuchen, Eschen, Ahorn, Linden, Erlen und Eichen zu finden, außerdem einige Nadelholzarten. Über den gut befestigten, in zahlreichen Bögen verlaufenden Waldweg geht es später über eine Straße hinweg, dahinter wieder durch den Wald weiter. Am Wegende überqueren wir den dortigen Parkplatz und folgen den Wegweisern links inmitten durch die **Gärtnersiedlung Blechhof.** Hier werden unter anderem Schnittblumen in Treibhauskultur herangezogen,

Knechtsteden

Klöster und Burgen am Niederrhein

doch auch der aromatische Duft der farbenprächtigen Rosen entlang des Hauptweges sorgt für eine Belebung unserer Sinne.

Am Ende der Siedlung geht es wieder ein Stück durch den Wald, an dessen Ende links neben der Landstraße entlang weiter, am nächsten Abzweig rechts und in Höhe der Bushaltestelle biegen wir links in das Gelände von **Kloster Knechtsteden** ❸ ein. Wer vorher einkehren möchte, kann dies im vorgelagerten **Klosterhof** ❹ machen.

Wer sich hier im Klostergelände aufhält, ahnt wohl kaum, wie unwirtlich diese Gegend einst gewesen sein muss. Alte Flussrinnen des Rheins durchzogen die Gegend, und aus der Tiefe stieg so viel Grundwasser nach oben, dass teils offene Wasserflächen,

Für die Seele

Wir spüren die Atmosphäre der Spiritaner und erleben das Mittelalter inmitten einer niederrheinischen Sumpf- und Bruchwaldlandschaft.

überwiegend aber Sümpfe entstanden. Bei fortschreitender Verlandung entwickelten sich Auenwälder oder Wiesenmoore, oft reihten sich verlandete Gewässer mit Röhrichten aneinander. Daher waren die damaligen reichen Grundherren gerne bereit, diesen Landstrich ab dem 12. Jahrhundert neu gegründeten Mönchsorden zu überlassen. So konnten 1138 Prämonstratensermönche den Grundstein für die heutigen überaus sehenswerte Kirche legen. Anschließend wurde die Trockenlegung der feuchten Niederungen in Angriff genommen, indem der Sand aus den damals noch zahlreichen eiszeitlichen Dünen in die Rinnen und Mulden gekippt wurde.

Knechtsteden mit seiner Klosterkirche ist eine der letzten Doppelchoranlagen des Mittelalters, mit sehenswerten Wand- und Gewölbemalereien im Westchor. Angegliedert sind eine Ausbildungsstätte der Missionsgemeinschaft der Spiritaner, Werkstätten, Galerien, ein Gymnasium sowie weitere Einrichtungen.

Entschleunigungstour 6

Die Klosteranlage vermittelt vor allem unter der Woche Ruhe und Besinnlichkeit. Die Missionsgemeinschaft der Spiritaner engagiert sich bereits seit über 300 Jahren für die Ärmsten der Armen – weltweit in über 50 Ländern. Wir verlassen den Ort über die nördliche Ausfahrt, biegen dahinter links auf den Waldweg ein und fahren ab der nächsten Gabelung rechts weiter durch den **Knechtstedener Busch,** einen Niederwald. Hier floss einst ein Arm des Rheins entlang, heute steht diese Fläche auch wegen ihrer Ringelnatter- und Waldspechtpopulationen unter Naturschutz.

Entlang von Spargel- und Erdbeer-Feldern fahren wir weiter bis **Ückerath.**

An der Knoten-Nr. 52 folgen wir der Wegweisung rechts aus dem Ort hinaus, an der übernächsten Kreuzung (Knoten-Nr. 51) fahren wir links und halten nun auf **Nievenheim** zu. Am Ortseingang folgen wir dem weiteren Verlauf der Wegweisung über verkehrsberuhigte Anliegerstraßen und mit mehreren Versetzen entlang des Ortsrandes und biegen später links auf den Radweg der **L 36** ein. Am Südrand des Ortes radeln

Blick auf die Feste Zons

Klöster und Burgen am Niederrhein

wir am großen Kreisel in Fahrtrichtung geradeaus weiter und gemäß der Wegweisung bis zur Knoten-Nr. 39. Wer jetzt keine Puste mehr hat, kann hier links der Wegweisung zur S-Bahn-Station in Nievenheim folgen, ansonsten geht es rechts weiter. Wir erreichen eine weitere Landstraße, auf deren Radweg wir links einbiegen, über die Bahn hinwegfahren und dem weiteren Verlauf der Straße folgen. Später muss eine stark befahrene Bundesstraße gequert werden, dahinter geht es vorbei am **Naturschutzgebiet (NSG) Hannepützheide, Wahler Berg** und **Martinsee** nach **Zons.** Auf diesem Schutzgebiet, einer Binnendüne mit Silbergrasfluren und Heidevegetation, werden regelmäßig Schafe getrieben, um die Grasnarbe kurz zu halten und somit die Verbuschung zu verhindern.

Später biegen wir rechts in die Lessingstraße ein, an deren Ende links und am Schweinebrunnen geradeaus weiter, so erreichen wir die **Feste Zons** ❺ (siehe auch Tour 1). Sie ist die wohl am besten erhaltene mittelalterliche Stadtfestung im Rheinland.

Nach der Ortsbesichtigung lassen wir uns im **Alten Zollhaus** ❻ verwöhnen, wo es sich bei schönem Wetter auf der Terrasse bei Kaffee und Kuchen gut entspannen lässt. Danach schieben wir unsere Fahrräder durch die Rheinstraße, verlassen durch das **Rheintor** die Feste Zons und orientieren uns in Höhe des Parkplatzes rechts, um die Tour entlang des Rheindamms fortzusetzen. Ein letzter Blick zurück auf das mittelalterliche Ortsbild zeigt uns außerdem eine alte Windmühle sowie einen gut erhaltenen Teil der Stadtmauer, danach lassen wir uns mitten durch die Auenlandschaft mit ihren markanten Kopfweiden, Auenwiesen sowie den zahlreichen Pappeln gleiten. In Höhe des wieder eröffneten Fähranlegers **Piwipp** müssen wir den Deich verlassen und fahren in der Folge auf dessen Flussseite weiter, später wieder auf den Deich hinauf bis zur großen Einfahrt an der Bundesstraße **B 9** zum Chemiewerksgelände von INEOS. Die über die Bundesstraße B 9 zum Hafen verlaufen-

*1372 verlegte der damalige Erzbischof den Zoll von Neuss nach **Zons** und verlieh kurz darauf dem Ort die Stadtrechte. Die Festungsmauer lag einst direkt am Rhein, sodass Zons eine vom Wasser umgebene Feste war. Zahlreiche Brände zerstörten nahezu sämtliche mittelalterliche Bürgerbauten, 1975 wurde es zu Dormagen eingemeindet.*

Entschleunigungstour 6

den Pipelines wirken wenig einladend, wir überqueren an der Ampel die B 9 und biegen links ein. Über den recht breiten Radweg geht es weiter in den nördlichen Kölner Stadtteil **Worringen**, dort verlassen wir die B 9 im Linksknick über Lievergesberg geradeaus, fahren am Wegende zunächst links, folgen dem Rechtsknick der Hackenbroicher Straße am Wegende in Höhe der Kirche **St. Pankratius** erneut links, biegen dann entgegen der Wegweisung sofort wieder rechts in den Schmalen Wall ein. Ab hier geht es über einige Wege hinweg immer geradeaus, am Wegende dann rechts auf den Senfweg.

Worringen ist auch von geschichtlicher Bedeutung, da hier 1288 eine der blutigsten Schlachten („Schlacht von Worringen") des deutschen Mittelalters stattfand, in der ein Bündnis verschiedener Fürsten den Kölner Erzbischof besiegte und damit die Machtverhältnisse am Niederrhein neu regelte: Der Erzbischof wurde aus Köln vertrieben, die Kölner erlangten die städtische Freiheit; erzbischöfliche Residenzstadt wurde nun Bonn, und Düsseldorf erhielt das Stadtrecht. Ein Denkmal in der Ortsmitte vor der Kirche St. Pankratius erinnert an dieses Ereignis, welches in Höhe des **Worringer Bruchs** ❼, unseres nächsten Etappenziels, stattfand.

*Im Naturschutzgebiet **Worringer Bruch** finden viele seltene Vogel-, Insekten- und Pflanzenarten wertvolle Rückzugsräume. Totholzbestände als Folge der starken Grundwasserspiegelschwankungen bieten vor allem dem Pirol, der Nachtigall sowie dem Kleinspecht neuen Lebensraum. Lediglich im tiefsten Teil der Flussschlinge in Höhe des Bahnhofs steht ständig Wasser.*

Nun sehen wir bereits in Form eines riesigen Hufeisens eine bewaldete Senke vor uns, deren Verlauf den verlandeten Altarm des Rheins nachzeichnet. Die Pappelbestände sind Teil des Worringer Bruchs, denn schon zu Römerzeiten floss der Rhein nicht mehr durch den hiesigen Altarm, sondern weiter östlich. Vom tiefsten Punkt des Kölner Stadtgebiets (38 Meter über NN) blicken wir rechts und links auf die Wasserflächen des einstigen Altarms und bekommen eine Vorstellung vom damaligen Verlauf des noch nicht begradigten Rheins. Die Ausbildung der Rheinschleifen ist ein Ergebnis des Endes der letzten Eiszeit vor ca. 8000 Jahren, als die Flusssedimente sich allmählich ablagerten und einige Rheinarme verlandeten.

Klöster und Burgen am Niederrhein

Die hiesigen Pappelbestände sollten nach früheren Planungen gefällt und aus der Sumpflandschaft ein Erholungspark der nahe gelegenen Trabantenstadt Chorweiler werden. Diese Pläne konnten jedoch erfolgreich gestoppt werden, sodass sich Naturliebhabern die Flora und Fauna einer ursprünglichen Flusslandschaft mit all ihren Facetten erschließt.

Wir verlassen kurz darauf das Bruchwaldgebiet und biegen an dessen Ende rechts auf den Radweg neben der Bruchstraße ein. Wir passieren den Intze-Turm, einen ehemaligen Wasserturm, der nach dem damaligen Wasserbauingenieur benannt wurde, und erreichen kurz danach den Bahnhofsplatz des **S-Bahnhofs Köln-Worringen,** wo unsere erlebnisreiche Rundtour endet.

Worringer Bruch

Alles auf einen Blick

WIE & WANN:
Zwei Ortsdurchfahrten; zum Teil unbefestigte Wege; für Ungeübte, Kinder und Anhänger nur eingeschränkt geeignet; beste Radelzeit April bis Oktober

HIN & WEG:
Start/Ziel: S-Bf. Köln-Worringen (GPS: 51.3771, 6.51848)
Auto: Park + Ride am S-Bf. Köln-Worringen
ÖPNV: S 11 (Bergisch Gladbach–Köln–Neuss–Düsseldorf)
Anschlusstour: Tour 1 Rhein bei Düsseldorf

ESSEN & ENTSPANNEN:
Klosterhof Knechtsteden ❹ Klosterallee 1, 41540 Dormagen, Tel. (0 21 33) 8 07 45, www.klosterhof-knechtsteden.de (tägl. 11–23 Uhr)
Altes Zollhaus Zons ❻ Rheinstraße 16, 41541 Dormagen-Zons, Tel. (0 21 33) 4 10 95, www.altes-zollhaus-zons.de (Di.–Fr. 12–15 u. ab 18, Sa. 12–22, So. 12–21 Uhr, Mo. geschl.)

Entspannung ✹✹✹✹✹
Genuss ✹✹✹✹✹
Romantik ✹✹✹✹✹

ENTDECKEN & ERLEBEN:
Schloss Arff ❶ Schloss-Arff-Straße, 50769 Köln (nur von außen zu besichtigen)
Chorbusch ❷
Kloster Knechtsteden ❸ 41540 Dormagen, Tel. (0 21 33) 86 90, www.spiritaner.de/knechtsteden
Burg Friedestrom in der Feste Zons ❺ (Kreismuseum), Schlossstraße 1, 41541 Dormagen-Zons, Tel. (0 21 33) 50 30, www.rhein-kreis-neuss.de/de/freizeit-kultur/kreismuseum-zons
Worringer Bruch ❼

Teehaus im Japanischen Garten

❋ 35 Kilometer
❋ 86 Höhenmeter
❋ 3 Stunden
❋ Streckentour

Entschleunigungstour 7

Für diese Streckentour entlang des rechtsrheinischen Kölner Rheinufers bietet sich als Start der an der Leverkusener Stadtgrenze gelegene **S-Bahnhof Chempark** an. An Wochenenden und Feiertagen ist hier kein Werksverkehr. Wir orientieren uns zuerst vom Treppenausgang rechts in westliche Richtung auf dem Radweg parallel zur Otto-Bayer-Straße. Hinter der Bushaltestelle biegen wir rechts ein, radeln ein Stück durch die Ende des 19. Jahrhunderts entstandene Beamtenkolonie mit Villen für leitende Angestellte, fahren zunächst entgegen der Wegweisung geradeaus weiter, nutzen dann links und diagonal einen Weg durch den Grünzug bis zur Großen Kreuzung, wo wir im Schutz der Ampel die Bundesstraße **B 8** überqueren

Grüne Perlen
Rechtsrheinische Parklandschaften

und anschließend auf dem links liegenden Radweg unter den Platanen auf der Kaiser-Wilhelm-Allee weiterfahren. Hier liegen die Verwaltungsgebäude des Weltunternehmens Bayer, überthront vom 1958 eingeweihten Bayer-Kreuz. Mit seinem Logo-Durchmesser von 51 Metern in 120 Metern Höhe und über 1700 Glühbirnen ist es die weltgrößte Leuchtreklame.

In Höhe des Bayer-Casinos biegen wir links ein und fahren anschließend durch einen Grünzug, folgen kurz danach den Hinweisschildern zum **Japanischen Garten** ❶ und stehen wenig später vor einem Zugang zum Teehaushügel. Wer sich das Teehaus mitsamt den Rabatten und Wasserspielen näher ansehen möchte, muss dies zu Fuß machen.

Der **Japanische Garten** liegt im südlichen Teil des Chemparks, bereits auf Kölner Stadtgebiet. Besonders auffallend ist das rote Teehaus, umgeben von exotischen, zu allen Jahreszeiten blühenden Pflanzen. Weitere Gestaltungselemente sind Skulpturen aus Stein und Bronze sowie zahlreiche kleine Wasserflächen. Besonders zur Kirschblütenzeit leuchtet der Garten in hellen blassbunten Farben.

Entschleunigungstour 7

*Das einstige **Schloss Stammheim** samt dem vom Landschaftsarchitekten Maximilian Weyhe entworfenen Park zählte zu den bedeutendsten barocken Schlossanlagen im Rheinland. 1944 von Kriegsbomben zerstört, wurde es nicht mehr wiederaufgebaut, erhalten blieb jedoch der Park mit der markanten Lindenallee sowie seinen zum Teil mehr als 200 Jahre alten, über 60 verschiedenen Baumarten.*

Wir umrunden einmal die Hügellandschaft rund um den Teehaushügel umgeben von Toriis – japanischen Torbauten mit geschweiften Kragbalken, von denen aus jeweils Holzstege über die Wasserflächen zum Teehaus führen. Nach dessen Erkundung zu Fuß führt uns der Weg wieder in die Grünanlage des Bayerwerkes hinein, wir orientieren uns an der kommenden Gabelung rechts, kurz danach mündet in Höhe eines Parkplatzes der Weg auf einen Rad-/Gehweg links der Otto-Bayer-Straße. In Höhe der Bushaltestelle (Tor 10) wechseln wir die Straßenseite, biegen an der **B 8** rechts auf den breiten Radweg ein und folgen kurze Zeit später der Wegweisung rechts entlang einer Schrebergartenanlage. Den ersten Kölner Wohnort Flittard erreichen wir über die **Roggendorfstraße,** wir folgen den Wegweisern mitten durch

Japanischer Garten

Rechtsrheinische Parklandschaften

den alten Fischerort und gelangen am Ortsende hinter der St. Hubertuskirche auf den Rheindamm, auf diesen gleiten wir mit Blick auf das Flittarder Deichvorland und kurz danach vorbei an Kölns größtem und modernstem Klärwerk nach **Stammheim.** Hinter dem Bootshaus lohnt ein Abstecher mit einer ersten längeren Rast im dortigen **Schlosspark** ❷**.**

Der im früheren Schloss lebende Kunst- und Kulturliebhaber Graf von Fürstenberg-Stammheim (1797–1859) war Kölns erster Ehrenbürger. Mittlerweile haben Grüne Halsbandsittiche den Schlosspark als ihre Heimat entdeckt, und seit 2002 hat sich die alljährliche Kunst- und Skulpturenausstellung „Rheinblicke – Einblicke" etabliert, deren Exponate das Parkensemble optisch bereichern.

 ## Für die Seele

Wir lassen uns am Rheinufer entlangtreiben und erfreuen uns an den Park- und Auenlandschaften entlang des Großen Stroms.

Nach diesem lohnenswerten Abstecher setzen wir unsere Fahrt entlang des Leinpfads flussaufwärts fort, vorbei an der früheren **Schlackenbergwerft,** der Kabelfabrik Felten & Guillaume. Deren schwere Kabelrollen wurden hier früher auf die Rheinschiffe verladen und weltweit exportiert. In Höhe der Villa Krahnenburg biegen wir in einer Rechts-links-Schleife auf die Festungsmauer oberhalb der Rheinpromenade ein, kurz danach fahren wir in Höhe des Schiffsanlegers in einer weiteren Rechts-links-Schleife hinunter zur Rheinpromenade. Wir passieren die Schifferkirche **St. Clemens,** Mülheims älteste Kirche. Sie ist Mittelpunkt der über Köln hinaus bekannten Schiffsprozession zu Fronleichnam. **Mülheim** war bis 1914 eine

Entschleunigungstour 7

Der **Rheinpark,** 1957 und 1971 Bundesgartenschaugelände, entstand auf den Resten eines früheren preußischen Forts. Von dessen Existenz zeugt noch die Geländegestaltung im Bereich des Rheinparkcafés. Neben den farbenfrohen Blumenbeeten laden außerdem zahlreiche Wasseranlagen und andere Freizeiteinrichtungen wie z. B. ein großer Spielplatz zum Verweilen ein.

selbstständige Stadt, Verwaltungssitz des damaligen Herzogtums Berg und gleichzeitig bedeutende Hafen- und Industriestadt im Schatten der Dommetropole mit eigenem Münzprägerecht. Von der Hochuferanlage wurden im Mittelalter die rheinaufwärts fahrenden Schiffe entladen und deren Waren weiter auf dem Landweg nach Zündorf gebracht, um das Kölner Stapelrecht zu umgehen.

Wir genießen den Blick auf die Silhouette Kölns und fahren vorbei am Mülheimer Hafenbecken, hier können Schiffe mit Gefahrgut festmachen. Auf dem großzügig ausgebauten Weg geht es weiter entlang an einem aufgelassenen Industriekomplex im Mülheimer Süden, hier sollen künftig neue Wohn- und Gewerbebauten entstehen. In Höhe der innerstädtischen Autobahnbrücke biegen wir rechts ein und passieren den Eingangsbereich der Claudius-Therme; wer möchte, kann das dortige recht schwefelhaltige Wasser probieren. Über das Gleis der Rheinparkbahn biegen wir links in den Kölner **Rheinpark** ❸ ein. Diese Grünanlage mit den Hallen des einstigen Messegeländes ist aus dem Rheinpanorama nicht mehr wegzudenken. Schon im 19. Jahrhundert gab es an dieser Stelle eine Grünanlage, das Werthchen. Dieses musste jedoch beim Neubau des Mülheimer Hafens weichen. Vor gut 100 Jahren wurde im Kontext mit der damals berühmten Werkbund-Ausstellung eine größere Grünanlage geplant und errichtet. Der nach 1945 hier deponierte Trümmerschutt wurde erst mit den Vorbereitungen zur Bundesgartenschau in die Gestaltung einbezogen, so entstanden Konturen und Blickachsen in Anlehnung an eine naturnahe Stromauenlandschaft mit integrierten Elementen von kleinen, geschlossenen Parkräumen. Der Kölner Rheinpark gehört somit noch immer zu den am schönsten gestalteten Landschaftsgärten und wurde schon mehrmals prämiert.

Wir orientieren uns entgegen der Wegweisung im zentralen, höher gelegenen Teil des Parkgeländes und

Impressionen im Stammheimer Schlosspark

Schlosspark Stammheim

Entschleunigungstour 7

passieren kurze Zeit später das Gelände um das im Retro-Stil der 1950er-Jahre aufwendig sanierte Gebäude, in dem sich das **Rheinparkcafé** ❹ befindet. Vorbei am Gelände des Tanzbrunnens mit seinem Sternwellenzelt als optischem und architektonischem Blickfang stoßen wir erneut an die Rheinuferpromenade, deren Verlauf wir stromaufwärts folgen. In Höhe der Hohenzollernbrücke passieren wir die einstigen Messehallen, unterqueren die Eisenbahnbrücke und sehen unter uns Kölns neue Attraktion, die 2015 fertiggestellte, 500 Meter lange **Freitreppe** ❺ mit prominentem Blick auf die Kölner Altstadt. Wir unterqueren die Deutzer Brücke, später die Severinsbrücke und biegen dahinter rechts auf die Drehbrücke ein. Dieses technische Denkmal ist noch immer in Betrieb, die nun folgende Straße mittlerweile für den Autoverkehr tabu, sodass wir auf den folgenden Kilometern die **Poller Wiesen** ❻ ungestört genießen kön-

Tanzbrunnen

Rechtsrheinische Parklandschaften

Schafe mit Dom

nen – mit Blick auf das neu gestaltete Gelände des Rheinauhafens (siehe Tour 2).

Der weitere Verlauf führt unter der 1910 erbauten Eisenbahnbrücke (Südbrücke) entlang, später vorbei an Sportanlagen und in Höhe der Maifischgasse in Poll rechts durch eine neu eingerichtete Fahrradstraße, vorbei am **Poller Fischerhaus** ❼ mit seiner Außenterrasse, die zu einer Rast einlädt. Unter der Autobahnbrücke weiter passieren wir eine Campinganlage, dahinter macht die Route einen Rechtsversatz, nun wieder zum Rheinufer hin. Kurz darauf erreichen wir das **Erholungsgebiet Westhovener Aue** ❽. Das einstige preußische Zwischenwerk, zuletzt als Kaserne genutzt, wurde mittlerweile abgetragen und die so entstandene Brachfläche in den rechtsrheinischen Grüngürtel einbezogen. Liegewiesen und Ruhebänke laden zu einer Pause ein, Infotafeln vermitteln Wissenswertes auch zum Thema Hochwasserschutz.

Entschleunigungstour 7

Der weitere Verlauf unmittelbar entlang des Rheins wird begleitet von der sanierten Hochwasserschutzwand. Am Schiffsanleger passieren wir das bis 1975 selbstständige, oberhalb der Rheinpromenade liegende **Porz.** Kurze Zeit später erreichen wir den Zündorfer Yachthafen, hier geht es rechts auf der **Freizeitinsel Groov** ❾ weiter (siehe auch Tour 2). In Höhe der Fähre müssen wir links einbiegen, um zwischen den beiden Teichen den Marktplatz von **Zündorf** mit St.-Nepomuk-Statue sowie den Hochwasserschutzwänden zu erreichen. Hier gibt es genügend Ruhebänke und Biergärten zum Pausieren wie z. B. das **Gasthaus Groov-Terrasse** ❿, hier lässt es sich je nach Tageszeit bei einem Erfrischungsgetränk oder Kaffee aushalten. Etwas abseits des Marktplatzes vermitteln uns Infotafeln an den Fassaden der mittelalterlichen Fachwerkhäuser die Geschichte von Zündorf (siehe auch Tour 2).

Hinter dem Spielplatz geht es weg vom Rhein nach links, um eine Schranke herum die Kirchstraße ansteigend zur Hauptstraße, auf die wir vorsichtig rechts einbiegen, um sofort links bis zur Ampel weiterzufahren. Nach Querung der Schmittgasse verlassen wir Zündorf, fahren die nächsten Kilometer geradeaus über asphaltierte Feldwege. Hierbei können wir unsere Blicke auf das von hier aus erkennbare Siebengebirge richten. Markante Einzelbäume an Wegekreuzungen mit Ruhebänken charakterisieren diesen agrarisch geprägten Landstrich.

In Höhe einer Kiesgrube queren wir die dortige Straße und biegen links auf den Radweg parallel zur Liburer Landstraße ein. Nach Unterquerung der Bahn wechseln wir am Kreisel die Straßenseite der Sankt-Sebastianus-Straße, um kurz danach links in die Burgallee und zum **Schloss Wahn** ⓫ weiterzufahren. Von hier ist es nicht mehr weit bis zum Bahnsteig der **S-Bahn Köln-Wahn,** den wir in Höhe der Kastanienallee links abbiegend und barrierefrei erreichen.

Schloss Wahn, im 14. Jh. erstmals als „Hoff zu Wande" erwähnt, ist heute eine barocke Wasserschlossanlage aus dem 18. Jh. Burggraben und Gartenanlage sind noch erhalten. Heute ist in den Räumlichkeiten unter anderem die theaterwissenschaftliche Sammlung der Universität Köln untergebracht. Die Innenhofanlage ist unter der Woche zugänglich.

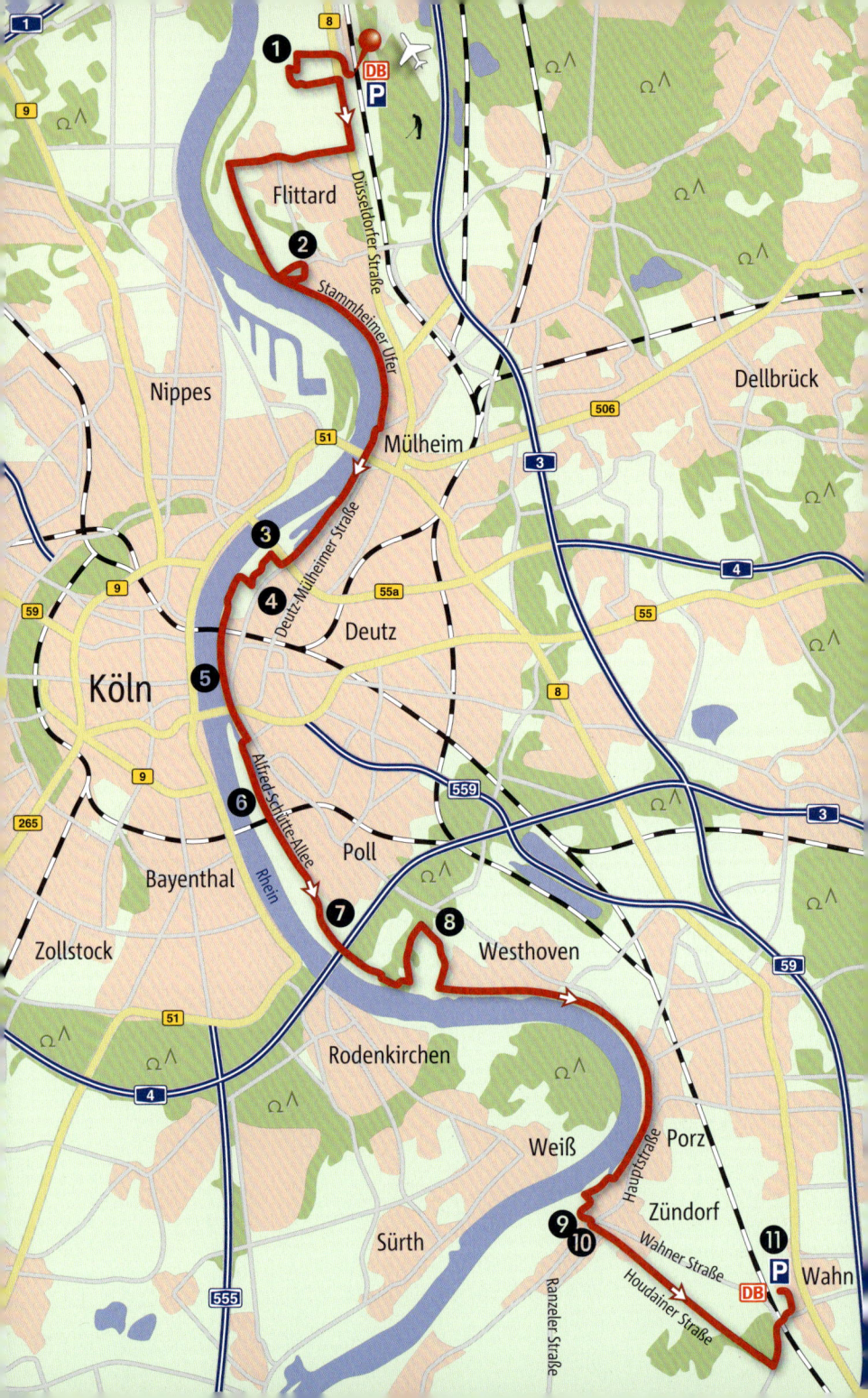

Alles auf einen Blick

WIE & WANN:
Meist asphaltierte Wege entlang des Rheins; für Ungeübte, Kinder und Anhänger geeignet: an Sonn- und Feiertagen stark frequentiert; beste Radelzeit April bis Oktober

HIN & WEG:
Start: S-Bf. Chempark (GPS: 51.03613, 6.594363)
Auto: Parkplatz Kurtekotten
ÖPNV: S 6 (Köln–Düsseldorf–Essen)
Ziel: Bf. Porz-Wahn
ÖPNV: Abreise mit S 12, S 13 oder S 19 nach Köln Messe/Deutz, dort umsteigen in S 6 Richtung Essen (am selben Bahnsteig gegenüber)
Anschlusstour: Tour 2 Von Köln nach Königswinter

Entspannung ★★★★★
Genuss ★★★★★
Romantik ★★★★★

ESSEN & ENTSPANNEN:
Rheinparkcafé ❹ Rheinpark, 50679 Köln-Deutz (wird 2021 neu eröffnet)
Poller Fischerhaus ❼ Weidenweg 46, 51105 Köln-Poll, Tel. (02 21) 8 29 13 22, www.poller-fischerhaus.com (März–Okt. Mo.–Fr. ab 12, Sa./So. ab 11 Uhr)
Gasthaus Groov-Terrasse ❿ Am Markt 4, 51143 Köln, Tel. (0 22 03) 8 55 44, www.groov-terrasse.de (tägl. ab 11 Uhr)

ENTDECKEN & ERLEBEN:
Japanischer Garten ❶ Kaiser-Wilhelm-Allee, 51373 Leverkusen
Stammheimer Schlosspark ❷ 51061 Köln-Stammheim
Rheinpark ❸ 50679 Köln-Deutz
Freitreppe Köln-Deutz ❺ 50679 Köln-Deutz
Poller Wiesen ❻ 51105 Köln-Poll
Westhovener Aue ❽ 51149 Köln-Porz/Westhoven
Groov ❾ 51143 Köln-Porz/Zündorf
Schloss Wahn ⓫ Burgallee 2, 51147 Köln-Porz-Wahn, www.schloss-wahn.com

- 35 Kilometer
- 158 Höhenmeter
- 3 Stunden
- Streckentour

Erftquelle

Entschleunigungstour 8

Bevor es vom **Bahnhofsparkplatz** auf Tour geht, lohnt ein Abstecher in das nahe gelegene **Naturzentrum Eifel.** Hier kann man sich vor allem über die Naturschätze der Region umfassend informieren. Der Eifelort **Nettersheim** ist nicht zuletzt wegen seines bürgerschaftlichen Engagements im Natur- und Umweltschutz bundes- und landesweit mehrmals ausgezeichnet worden.

Wir starten vom Bahnhof aus in östliche Richtung über die Bahnhofstraße leicht bergauf, an der Gabelung in Höhe der Kirche biegen wir rechts in die Martinstraße und fahren die kommenden Kilometer auf der autofreien Route durch das **Genfbachtal** sanft bergan. Vor allem in den Frühsommermonaten lohnt ein

Eifelflüsschen
Von der Urft zur Erft

Streifzug durch das Naturschutzgebiet Genfbachtal. Dann weist das am Bachlauf von Erlen und Kalkmagerrasen geprägte Gebiet zahlreiche Orchideen wie z. B. Geflecktes und Breitblättriges Knabenkraut, Sumpf-Stendelwurz sowie den leuchtend roten Blut-Storchschnabel auf.

Nach einer Weile folgen wir an einer etwas größeren Weggabelung der Wegweisung links und erreichen nach wenigen Metern die **Ahekapelle ❶.** Ruhebänke mit Blick auf die Kapelle und das unter Naturschutz stehende Wiesental des Genfbachs laden zu einer ersten Pause ein.

Unsere Route führt uns weiter, immer leicht bergan. Nach Unterquerung der Autobahn **A 1** erreichen

Entschleunigungstour 8

Frohngau ist einer der ältesten Orte in der Gemeinde Nettersheim. Erstmals gebaut wurde hier eine Kapelle um 1200, Anfang des 14. Jhs. wurde Frohngau urkundlich erwähnt, Mitte des 17. Jhs. wurde eine Schule gegenüber der Kirche gebaut. Kirche, Pfarrhaus und ehemalige Schule bilden gemeinsam mit altem Baumbestand ein reizvolles Ortsensemble.

wir **Engelgau.** Der Kirchturm der Kirche St. Luzia stammt noch aus dem 15. Jahrhundert, der Rest des Gebäudes wurde ab den 1930er-Jahren neu errichtet. In der Zeit vom 16. bis 18. Jahrhundert durch mehrere durchziehende Truppen verwüstet und zerstört, wurde der Ort neu aufgebaut – er befand sich früher weiter östlich am 580 Meter über NN gelegenen **Himberg,** den wir am Ortsende links abbiegend und entgegen der Wegweisung geradeaus nach einem lang gezogenen Anstieg erreichen, um dort mit einem 360-Grad-Panorama entschädigt zu werden. Bei klarer Sicht lassen sich auch die Türme der Braunkohlekraftwerke sowie die Spitzen des Kölner Doms erkennen. Und mitten aus dem vorgelagerten Wald ragt das überdimensionale helle Ohr des Astropeilers Stockert hervor.

Nach diesem lohnenswerten Rundumblick lassen wir uns bergab rollen, biegen am Wegende rechts ein

Staubecken am Oberlauf der Erft

Von der Urft zur Erft

und erreichen über die Hellerstraße den Nettersheimer Ortsteil **Frohngau** ❷. In Höhe des zentralen Ortsplatzes mit markantem Kirchenschiff folgen wir der Wegweisung links, anschließend steil bergab bis zur **K 38** (Erftstraße), auf die wir vorsichtig links einbiegen müssen. In Höhe einer Zufahrt zu einem Steinbruch verlassen wir die **K 38** und folgen dem Wegweiser links. Der nun autofreie Weg verläuft zunächst parallel zur Kreisstraße und unterquert diese später in einem Rechtsversatz. Kurz darauf befinden wir uns am Ortsrand von **Holzmülheim,** links der Strecke liegt eine Grünanlage, dort stellen wir unsere Räder ab und gelangen über einen Pfad zur Quellfassung der Erft.

Wir verlassen den Rastplatz an der **Erftquelle** ❸ und fahren zunächst über die **K 38** (Erftstraße) weiter

 ## Für die Seele

Auf ruhigen Wegen mit viel Panorama entlang der Erft durch mittelalterliche Orte und vorbei an römischen Relikten – diese Eifeltour bietet viel Abwechslung.

durch den Ort, kurz vor Querung der Bruchsteinbrücke folgen wir den Wegweisern geradeaus, jetzt auf einem fein geschotterten Waldweg. An der kommenden Gabelung schwenkt der Weg links ein, verläuft nun am Waldrand mit schönem Blick oberhalb des Mühlengrabens und der Erft, steigt zunächst leicht an und führt mitten in den Hangwald hinein. Die frühere Bedeutung der Mühlengräben entlang der Erft wird uns später und auf anderen Touren (Tour 5, Tour 15) nochmals begegnen.

Kurze Zeit später gelangen wir bergab in die Talaue der Erft. Wir überqueren den Ohbach und biegen am Wegende links auf einen asphaltierten Weg ein, dieser mündet kurz danach wieder auf die

*In Holzmülheim tritt das Grundwasser aus dem Kalkstein durch einen Spalt als **Erftquelle** an die Oberfläche. Ab hier fließt die Erft ca. 110 km in überwiegend nördliche Richtung und mündet später bei Neuss in den Rhein. Über Jahrhunderte diente das Quellwasser Menschen und Vieh als Trinkwasser und wurde durch einen Mühlengraben zu den weiter südlich gelegenen Mühlen geleitet.*

Ahekapelle im Genfbachtal

Entschleunigungstour 8

K 38, die uns nach **Schönau** hineinführt. Begleitet von Birken, die entlang der hier begradigten Erft scheinbar Spalier stehen, durchfahren wir den Ort und biegen am Straßenende links auf den Radweg parallel zur Landstraße **L 165** ein.

Der Motorlärm des Ausflugsverkehrs ist hier nun deutlich wahrnehmbar, denn diese Landstraße verbindet Bad Münstereifel mit dem Ahrtal – beides beliebte Ausflugsziele vor allem von Motorradfahrern. Kurze Zeit später passieren wir den **Lingscheider Hof** mit seinen Angelteichen, in **Eicherscheid** verlassen wir am Kreisel die Landstraße in Höhe der Kirche **St. Brigida** in einem Linksversatz, fahren ein Stück die Kohlstraße entlang, an deren Linkskurve weiter geradeaus und in der Folge ein kurzes Steilstück bergan über

Bad Münstereifel

Von der Urft zur Erft

den Irscheider Weg. Am Zenit angekommen, schwenken wir rechts auf den Blankenheimer Weg ein und folgen dessen Verlauf, nun bergab. Trotz des Sackgassenschildes folgen wir den Wegweisern in Fahrtrichtung, am Ortsbeginn von **Bad Münstereifel** ❹ queren wir vorsichtig die dortige Landstraße, fahren durch das **Heisterbachertor,** dahinter sofort rechts und ein Stück entlang der alten Stadtmauer in den Ortskern hinein. Dabei überqueren wir die hier mitten durch den Ort fließende Erft. Am Ende der Unnaustraße mit reich verziertem Fachwerk geht es links zum **Markt.** Der Ort wird auch häufig als „Eifeler Rothenburg" tituliert, da sein Ortsbild historisch weitgehend erhalten geblieben ist. Eine längere Unterbrechung sollte eingeplant werden, auch wenn viel Tagestourismus vor allem an Wochenenden auszumachen ist – nicht zuletzt wegen des vor wenigen Jahren eröffneten „Outlet-Centers" inmitten der historischen Altstadt.

Neben den zahlreichen Fachwerkhäusern sind noch heute **Reste der mittelalterlichen Stadtmauer** sowie sämtliche **Stadttore** zu sehen. Ebenfalls aus dieser Epoche stammen einige Bauten wie z. B. das **Romanische Haus** (1167) sowie die **Stiftskirche St. Chrysanthus und Daria** (1100). Diese können wir in Augenschein nehmen, wenn wir der Wegweisung folgen und den Fußgängerbereich entlang der Erft umfahren. Eine Einkehr ist im **Brauhaus** ❺ möglich.

Wir schieben unsere Fahrräder geradeaus durch den Fußgängerbereich entlang der hier als Ergebnis zahlreicher Hochwasserereignisse kanalisierten Erft. Durch das **Werther Tor** am Nordende der Stadt verlassen wir den Ortskern und fahren auf der Straße vorbei am Bahnhof zum Kreisel. Ab dort folgen wir dem Radweg parallel zur Bundesstraße, kurz danach rechts und abseits der **B 51,** später in einem Rechtsversatz über die Erft hinweg. Die Route führt nun über eine kleine Anhöhe, dahinter rollen wir hinunter nach **Iversheim,** dort folgen wir der Wegweisung mitten durch den Ort.

*Im **Brauhaus** gibt es neben selbst gebrautem Bier passend zu Flammkuchen oder anderen brauhaustypischen Gerichten auch den hausgemachten Brauhaussenf.*

Entschleunigungstour 8

In Höhe der Bushaltestelle verlassen wir die Ortsdurchfahrt und fahren geradeaus. Links und über das Bahngleis geht es zur Römischen **Kalkbrennerei** ❻ über den Arloffer Weg weiter. Das Tal der Erft weitet sich allmählich und kurze Zeit später sehen wir rechts des Weges **Burg Arloff** ❼, eine der ältesten Burganlagen im Rheinland mit einem mächtigen viergeschossigen Wohnturm. Das Anwesen wird heute landwirtschaftlich genutzt und ist nur von außen zu besichtigen. Wir umfahren das Hammerwerk, biegen rechts in die Bahnhofstraße ein, radeln mitten durch Arloff, überqueren die auch hier kanalisierte Erft und biegen links in die Bachstraße ein. Kurz danach fahren wir durch Kirspenich, am kommenden Abzweig folgen wir dem Wegweiser Richtung Burg, radeln geradeaus weiter, dann rechts auf die **Burg Kirspenich** ❽ zu.

Von der Burg fahren wir links Im Baist zurück zur Bachstraße, in Höhe der Kirche links in die Brückenstraße und vor Querung der Erft rechts weiter auf dem Erft-Radweg. Die Wegweisung leitet uns vorbei am Klärwerk, dahinter verzweigt die Route, wir orientieren uns links und bleiben im Erfttal, queren in Höhe des Bahnhalts **Kreuzweingarten** das Gleis und biegen an der nächsten Gabelung rechts ab, weiter durch die Erftaue. Hier zweigt ein Mühlenbach vom Hauptfluss ab, dieser führt östlich an der Kreisstadt Euskirchen vorbei und bediente bis in die Neuzeit hinein zahlreiche Mühlen (zu den Erftmühlen siehe auch Tour 11).

Wir orientieren uns in Höhe der Firma Kalff links, erreichen **Rheder,** fahren hinter der Linkskurve rechts in den Kieselweg hinein und folgen den Wegweisern bis zur Bundesstraße **B 51,** verlassen diese nach wenigen Metern und fahren geradeaus vorbei am Gertrudenhof. Wir erreichen nun eine offene Bördenlandschaft mit fast ausschließlicher Nutzung als Ackerland. An der kommenden Landstraße biegen wir links auf den dortigen Radweg ein, überque-

*Die **Römische Kalkbrennerei** bei Iversheim diente schon den Römern als Produktionsstätte. Hier wurde Kalkstein abgebaut, in großen Mengen Gips gebrannt und exportiert. Durch die Absenkung des Grundwassers wurde aus der zu Römerzeiten noch schiffbaren Erft ein wasserwirtschaftlich eher unbedeutendes Flüsschen.*

*Die zu Beginn des 14. Jhs. errichtete **Burg Kirspenich** erhielt im 16. Jh. ihre eigentliche Umwehrung, war jedoch nie Rittersitz. Im 18. Jh. entstand die heute sichtbare barocke Wohnanlage; sie erhielt eines der ersten Mansarddächer im Rheinland. Das Anwesen wurde vor wenigen Jahren grundlegend restauriert und befindet sich in Privatbesitz.*

Von der Urft zur Erft

Burg Kirspenich

ren die **B 51** und folgen dem links liegenden Radweg entlang der Münstereifeler Straße nach Euskirchen. In Höhe des Hospitals wechseln wir auf die Fahrbahn und radeln immer in Fahrtrichtung geradeaus, später unter der Bahnunterführung hindurch, dahinter im Kreisel rechts auf die Alleestraße zum **Bahnhof Euskirchen.**

Wer seine Tour in der Kreisstadt **Euskirchen** ausklingen lassen möchte, fährt vom Bahnhof links die Bahnhofstraße bergab und schiebt anschließend sein Fahrrad durch die Fußgängerzone bis zum **Marktplatz.**

Alles auf einen Blick

WIE & WANN:
Überwiegend asphaltierte Wege; ein Waldweg; für Ungeübte, Kinder und Anhänger geeignet; an Sonn- und Feiertagen stark frequentiert; bester Radelzeit April bis Oktober

HIN & WEG:
Start: Bf. Nettersheim (GPS: 50.293172, 6.375037)
Auto: Park + Ride am Bf. Nettersheim
ÖPNV: RE 22 (Köln–Trier)
Ziel: Bf. Euskirchen
ÖPNV: Abreise mit RE 12, RE 22 (Trier–Köln),
S 23 (Bad Münstereifel/Euskirchen–Bonn),
RB 24 (Kall–Köln), RB 28 (Euskirchen–Düren)

Entspannung ★★★★★
Genuss ★★★★★
Romantik ★★★★★

ESSEN & ENTSPANNEN:
Brauhaus ❺ Markt 8, 53902 Bad Münstereifel, Tel. (0 22 53) 62 03, brauhaus-bam.de (Mo.–Sa. 11–20 Uhr, So. geschl.)

ENTDECKEN & ERLEBEN:
Ahekapelle ❶ Genfbachtal, 53947 Nettersheim-Engelgau
Frohngau ❷ 53947 Nettersheim-Frohngau
Erftquelle ❸ Erftstraße, 53947 Nettersheim-Holzmülheim
Bad Münstereifel (Altstadt) ❹ 53902 Bad Münstereifel
Römische Kalkbrennerei ❻ Kalkarer Weg, 53902 Bad-Münstereifel-Iversheim, Tel. (0 22 53) 54 22 44, www.bad-muenstereifel.de
Burg Arloff ❼ Münstereifeler Straße, 53902 Bad-Münstereifel-Arloff
Burg Kirspenich ❽ Im Baist 1, 53902 Bad-Münstereifel-Kirspenich, Tel. (0 22 52) 1 80 39 54

Burg Kriegshoven

- 43 Kilometer
- 133 Höhenmeter
- 3,5 Stunden
- Rundtour

Entschleunigungstour 9

Auf dieser Rundtour durch die landwirtschaftlich geprägte Bördelandschaft und die Flussauen von Rotbach, Erft und Swist durchqueren wir ehemals römisches und fränkisches Siedlungsgebiet. Die Route verläuft meist auf autofreien, asphaltierten Feldwegen ohne nennenswerte Steigungen, die offene Landschaft bietet unverstellte Blicke auf die Eifelhöhen.

Vom **Bahnhof Weilerswist** geht es zunächst links der rot-weißen Wegweisung folgend entlang der Bahntrasse bis nach **Groß-Vernich,** wo in der Ortsmitte die dortige Landesstraße überquert werden muss. Entlang der Route können wir rechts einen Blick auf **Burg Großvernich** werfen. An diese spätgotische Burg erinnert heute nur noch eine Turmruine. Nach Querung

In fast allen Orten entlang der Tour stehen noch heute mehr oder weniger gut erhaltene **Burganlagen** und Ackerbürgerhäuser. Die meisten Burganlagen können jedoch nur von außen besichtigt werden, da sie bis auf wenige Ausnahmen nicht öffentlich zugänglich sind.

Burgen in der Börde
Adelssitze an Rotbach, Erft und Swist

der Erft liegt wenig später die nächste Burganlage, **Kleinvernich,** direkt am Kleinbach, einem Nebenarm der Erft. Sie ist noch von einem Wassergraben umgeben und wird landwirtschaftlich genutzt. Beide Burgen bewachten im 14. Jahrhundert die Ufer der Erft und hatten außerdem die Funktion, ihre Bewohner vor Angriffen zu schützen.

Die Tour verläuft vorbei am Clarenhof, dort geht es zunächst links weiter, später rechts in die Müddersheimer Straße. Am Ortsende queren wir vorsichtig die dortige Kreisstraße und fahren dahinter immer geradeaus, später über die Autobahn hinweg. Nach der Fahrt durch die Felder erreichen wir kurz vor Friesheim das **St.-Donatus-Kreuz.** Hier biegen wir

Entschleunigungstour 9

Im **Umweltzentrum Friesheimer Busch** werden heute Offenlandbiotope betreut. Mit dem Abzug der belgischen Streitkräfte Mitte der 1990er-Jahre wurde das dortige Gelände zum Naturschutzgebiet erklärt. Um Verbuschung und Verfilzung der offenen Grasflächen vorzubeugen, werden Schafe und Ziegen gehalten. Infotafeln auf dem Gelände klären die interessierten Besucher auf.

rechts ein, überqueren die Landstraße und erreichen kurz danach das **Umweltzentrum Friesheimer Busch** ❶.

Nun ist es nicht mehr weit nach **Friesheim**, einem Ort aus fränkischer Gründungszeit. Wir fahren auf den Ort zu, biegen am Wegende links in den Niederweg ein; in Höhe der Bushaltestelle liegt in der Rotbachsenke die zweiteilige, aus Backstein errichtete **Wasserburg Redinghoven** ❷ (14. Jh.). Heute befindet sich die Burg, die von außen bewundert werden kann, in landwirtschaftlichem Privatbesitz. An der Burgzufahrt thront St. Nepomuk, der Schutzpatron der Brücken, denn der Rotbach trat in der Vergangenheit einige Male über die Ufer und unterspülte dabei die Brückenpfeiler.

Es geht weiter in den Ort hinein, an der Kirche lohnt ein Abstecher rechts in den Talweg. Am dortigen Platz geht es im Linksbogen weiter zur Weilerswister Straße, dort orientieren wir uns zuerst ein

Burg Redinghoven

Adelssitze an Rotbach, Erft und Swist

Stück rechts zur **Weißen Burg,** einst eine wasserumwehrte Viereckanlage. Das zweigeschossige Herrenhaus wurde Mitte des 17. Jahrhunderts erstellt. Diese unmittelbar am Rotbachübergang liegende Anlage wurde 1943 durch Bomben in Mitleidenschaft gezogen, ihre Hauptburg nicht wiederaufgebaut. Erhalten sind noch der Wassergraben sowie die wieder errichtete Vorburg mitsamt einem Bastionsturm. Heute ist das Anwesen unbewohnt und wirkt wenig einladend.

Entlang des Radweges geht es von der Burg zurück in den Ort und kurz danach rechts nach **Niederberg,** der südlichsten Gemeinde im Rhein-Erft-Kreis. Hier fahren wir unmittelbar an der gleichnamigen **Burg** vorbei. Das einfache Haus mit seinen markanten Schlagläden, wohl als Nachfolgebau des einstigen Frohnhofs

 Für die Seele

Wir durchstreifen die rheinische Bördelandschaft und entdecken verwunschene Burgen und Schlösser in den dortigen Flussniederungen.

im 13. Jahrhundert entstanden, ist von einem schönen Burggarten umgeben. Vorbei geht die Fahrt, im Ort rechts abbiegend und danach westlich des Rotbaches, den Wegweisern folgend links bis zum Rückhaltebecken. Hier biegen wir entgegen der Wegweisung rechts ein und fahren nun leicht bergan bis **Borr.** Dort verlassen wir gegenüber der Kapelle die Straße und biegen links auf den Feldweg ein, hinter dem Ort sehen wir bei klarem Wetter die Eifelberge und die mittlerweile das Landschaftsbild der Eifel prägenden Windräder vor uns. Die Wegweisung führt uns zum nächsten Ziel, zunächst links und bergab in die Rotbachaue, dort an der zweiten Abzweigung links und vorbei an der früheren **Wasserburg Mülheim.** Diese nach

Entschleunigungstour 9

einem Brand 1863 abgetragene Burg wurde als einfacher Landwirtschaftsbetrieb ohne denkmalrelevante Substanz wiederaufgebaut. Später biegen wir rechts auf die Ortsdurchfahrt Niederberger Straße ein, folgen den etwas veralteten Wegweisern zunächst rechts, dann links in die Johannesstraße.

Einige Meter weiter passieren wir **Haus Boulig,** eine ehemals zweiteilige Wasserburg aus dem 14. Jahrhundert, die weitgehend von schützendem Wald umgeben war. Ausschlaggebend für den Standort war die Lage in einer leichten Geländesenke. Sie ermöglichte die Speisung des heute großteils verfüllten Wassergrabens durch eine nahe gelegene Quelle in der ansonsten wasserarmen Ebene. Heute dient die Anlage, deren Hauptburg im letzten Krieg zerstört wurde, als Reitbetrieb.

Hinter Haus Boulig mündet der Bleibach in den Rotbach. Am Bleibach weiter geht es später rechts über einen Steg, dann vorbei am Sportplatz, wo der Weg einen Linksknick macht. Wir erreichen die Frankfurter Straße **(L 162),** auf die wir links einbiegen. In **Wichterich** angekommen, teilen wir uns die Straße mit dem teilweise recht schnellen Autoverkehr. Dieser Ort ist eine der ältesten Siedlungen der Voreifel. Wir folgen dem Verlauf der Durchfahrtsstraße in einem Rechtsbogen, mit dem Abzweig links in die Friedhofstraße geht es kurz darauf wieder über die Felder, nun in östliche Richtung zurück in die Erftaue. Dabei können wir unsere Blicke sowohl in die Eifel als auch zum Siebengebirge hin schweifen lassen. Über einen Hohlweg mit Wegekreuz erreichen wir **Bodenheim.** Die Gegend um Bodenheim war bereits vor 32.000 Jahren von Eiszeitmenschen bewohnt; schon vor dem Verlauf der Römerstraße Köln–Trier gab es hier eine dauerhafte Besiedlung. Zunächst geradeaus biegen wir später links auf die Kessenicher Straße **(K 11)** ein. Dort liegt am nördlichen Ortsrand die im Sommer von Laubbäumen verdeckte **Burg Bodenheim** ❸. Burg Bodenheim wurde 950

Burg Heimerzheim

Adelssitze an Rotbach, Erft und Swist

erstmals erwähnt. Heute befindet sich in der Vorburg ein Landwirtschaftsgut. Lediglich die Westfront, insbesondere die Außenmauer, enthält noch erhebliche Teile aus dem 16. Jahrhundert.

Nun geht es von der Landstraße aus rechts und leicht bergan in die Erftaue, an der dortigen Kreuzung orientieren wir uns links und fahren nun flussabwärts weiter. Der Erft-Radweg quert später eine Landstraße; wer die Tour abkürzen will, fährt dahinter weiter entlang des Erft-Radwegs bis nach Vernich, von dort rechts weiter über den Kirchweg und den Wegweisern folgend zurück zum Bahnhof Weilerswist.

Ansonsten setzen wir unsere Burgentour fort, biegen rechts auf den links der Straße verlaufenden Radweg ein, folgen diesem bis zur Euskirchener Straße **(L 194)** und orientieren uns dort an den Wegweisern zunächst nach links, dann rechts durch das Wohngebiet, später wieder links auf die Schleidener Straße. In Höhe des Bahnhofs queren wir die Gleise der Eifel-Bahn und fahren weiter in östliche Richtung durch die Felder. Hierbei lassen wir unsere Blicke über die Landschaft schweifen und erkennen vor uns den bewaldeten Villerücken sowie am südlichen Horizont die Kuppen des Siebengebirges. Am Einzelgehöft biegen wir links ein, danach rechts auf eine Landstraße, hinter dem Weiler **Schneppenheim** erreichen wir über eine Kreuzung hinweg nach kurzer Zeit **Straßfeld**. Dort biegen wir links auf die Trierer Straße **(K 3)** ein, fahren später über die Autobahn hinweg, dahinter rechts und an der kommenden Gabelung links nach **Heimerzheim** im Tal der Swist. Über den Heckenweg stoßen wir auf die Landesstraße **L 163,** auf die wir links einbiegen; nach Überquerung der Swist liegt rechter Hand Burg **Heimerzheim ❹**, eine typisch zweiteilige rheinische Wasserburgenanlage aus dem 13. Jahrhundert und einer der ehemals sechs Adelssitze in Heimerzheim. Die Widerstandskämpfer Georg und Phillip Freiherren von Boeselager, die

*Erst im 17. und 18. Jh. verlieren die Burgen ihre wehrhafte und somit militärstrategische Bedeutung, so wurden viele Burgen zu offenen, schlossartigen **Landsitzen** umgebaut. Heute zählen viele dieser rheinischen Bauten zu den bedeutendsten in Europa. Ästhetik, Bequemlichkeit und zweckmäßige Raumgliederung waren die bestimmenden Aspekte.*

Entschleunigungstour 9

am Attentat des 20. Juli 1944 auf Hitler beteiligt waren, stammten von der noch heute bewohnten Burg Heimerzheim.

Nach dem Abstecher zur Burg fahren wir jenseits der Landstraße weiter entlang der Swist, die uns kanalisiert mitten durch den Hauptort begleitet. In der Ortsmitte lädt die Gartenterrasse des **Restaurants Zur Linde** ❺ zu einer Stärkung ein. Am Ortsende unterqueren wir zuerst eine Umgehungsstraße, bevor es auf der Ostseite der Swist rechts durch eine schöne Kastanienallee und vorbei an einem Vorhaus zur Wasserburganlage von **Burg Kriegshoven** ❻ geht. Ihr genaues Alter ist nicht bekannt, sie wird Mitte des 13. Jahrhunderts erstmals schriftlich erwähnt. Das Anwesen befindet sich bis heute, nach Erweiterungsbauten zu einer dreiflügeligen Anlage im 19. Jahrhundert, im Besitz der Familie von Scherenberg.

Das kommende Teilstück müssen wir uns erneut mit dem Autoverkehr teilen (ein straßenbegleitender Radweg soll in nächster Zeit gebaut werden), bis wir in Metternich die Hauptstraße rechts über die Bergstraße verlassen können und in Höhe der **Kirche St. Johann Baptist** inmitten des Fachwerkensembles links zur **Burg Metternich** ❼ einbiegen. Diese steht wie viele der erhaltenen Burganlagen unter Denkmalschutz.

Wir fahren von hier aus zurück zur Ortsdurchfahrt, biegen rechts ein und können am Ortsende auf dem Radweg neben der Landstraße weiterradeln. In Höhe der Bushaltestelle Wilhelmshof verlassen wir die Landstraße nach links (!), fahren über die Autobahn hinweg und nachfolgend immer in Fahrtrichtung. In Höhe des Bahngleises verschwenkt der Weg nach links, an der kommenden Gabelung biegen wir rechts ein, überqueren die Gleise der Eifel-Bahn und folgen ab der kommenden Einmündung in **Vernich** rechts den Wegweisern zurück zu unserem Ausgangspunkt, dem **Bahnhof Weilerswist**.

*Der heutige Bau der wohl im 13. Jh. entstandenen **Burg Metternich** stammt aus dem frühen 17. Jh. bzw. späten 19. Jh. und wechselte mehrmals seine Besitzer. Das Herrenhaus konnte nach starken Kriegsschäden und beginnendem Verfall umfassend renoviert werden. Auf Burg Metternich wurde der Code Civil, die Grundlage für das Rheinische Zivilgesetz, ins Deutsche übersetzt.*

Alles auf einen Blick

WIE & WANN:
Meist asphaltierte Wege; zwischen Straßfeld und Heimerzheim/Metternich keine Radwege; für Ungeübte, Kinder und Anhänger geeignet, dann am besten ab Lommersum/Derkum den Erft-Radweg bis Weilerswist nutzen (33 km); beste Radelzeit April bis Oktober

HIN & WEG:
Start/Ziel: Bf. Weilerswist (GPS: 50.293172, 6.375037)
Auto: Park + Ride am Bf. Weilerswist
ÖPNV: RE 22 (Köln–Trier), RB 24 (Köln–Kall)
Anschlusstour: Tour 12 Über den Villerücken (Meckenheim–Brühl) ab Heimerzheim

ESSEN & ENTSPANNEN:
Restaurant Zur Linde ❺ Bachstraße 1, 53913 Swisttal-Heimerzheim, Tel. (0 22 54) 24 59, www.traditionsgasthaus-zur-linde.de (Di.–So. 11–14 u. 17–24 Uhr, Mo. geschl.)

Entspannung ✸✸✸✸✸
Genuss ✸✸✸✸✸
Romantik ✸✸✸✸✸

ENTDECKEN & ERLEBEN:
Umweltzentrum Friesheimer Busch ❶ Friesheimer Busch 1, 50374 Erftstadt-Friesheim, Tel. (0 22 35) 95 94 50, www.umweltzentrum-erftstadt.de
Wasserburg Redinghoven ❷ Niederweg 66, 50374 Erftstadt-Friesheim
Burg Bodenheim ❸ Kessenicher Straße, 53919 Weilerswist-Bodenheim
Burg Heimerzheim ❹ Kölner Straße 1, 53913 Swisttal-Heimerzheim, Tel. (0 22 54) 83 60 53 29, www.burg-heimerzheim.de
Burg Kriegshoven ❻ Burg Kriegshoven 1, 53913 Swisttal-Kriegshoven
Burg Metternich ❼ Wasserburgstraße 41, 53919 Weilerswist-Metternich

Entschleunigungstour 10

Vom **S-Bahnhof Rheinbach** aus biegen wir rechts in die Bahnhofstraße ein, dann sofort links in die Kriegerstraße, rechts in die Schweigelstraße, queren die Grabenstraße, biegen dann links auf die stark frequentierte Hauptstraße ein, verlassen diese sofort wieder rechts und fahren über die Bachstraße zum **Himmeroder Platz** in Höhe des Hexenturms. Wer mit dem Auto anreist, hat hier alternativ zum Bahnhof Parkmöglichkeiten. Ab hier beginnt unsere landschaftlich und topografisch recht abwechslungsreiche Tour. Das noch von zahlreichen Fachwerkbauten geprägte **Rheinbach** wurde im 8. Jahrhundert erstmals erwähnt, auch einige Überreste der im 13. Jahrhundert errichteten Stadtmauer und -türme sind noch heute zu sehen.

*In der Nachkriegszeit siedelten sich in Rheinbach Glasbläser an, die aus Böhmen vertrieben worden waren und die Glaskunst hier etablierten. Das **Glasmuseum** am Himmeroder Wall, zentral inmitten des Fachwerkensembles des Himmeroder Hofes gelegen, dokumentiert diese Entwicklung.*

Glas, Keramik & Stuck
Burgentour rund um Rheinbach

Nach den ersten Eindrücken der Kreisstadt geht es vom Parkplatz gegenüber dem **Hexenturm** rechts und in der Folge leicht ansteigend durch eine Allee ortsauswärts. Am Waldrand knicken wir links ab, folgen den Wegweisern und fahren durch ausgedehnte Spalierobstplantagen, durchqueren dabei **Wormersdorf** und gelangen den Wegweisern folgend nach **Ersdorf.** Durch meist verkehrsberuhigte Straßen geht es weiter bis **Altendorf,** hier müssen wir auf die einzelnen Pfeilwegweiser achten, die uns durch zum Teil recht verwinkelte Gassen leiten. Nach Querung des Altendorfer Baches inmitten des Ortes fahren wir geradeaus weiter, überqueren die Ahrstraße, folgen am Ortsende dem Hauptweg rechts und biegen danach

Entschleunigungstour 10

links ein. Kurze Zeit später sehen wir die Autobahn **A 61** unter uns, dahinter folgen wir der Wegweisung, die uns vorbei an Apfelplantagen und später parallel zur Autobahn entlangführt. Kurze Zeit später verraten uns Pferdekoppeln die Nähe eines Gehöfts. Erst beim zweiten Hinsehen fällt der Burgturm auf. **Burg Münchhausen** ❶ ist eine der ältesten Burganlagen der Region, ursprünglich stammt sie aus dem 9. Jahrhundert und wurde als Wasserburg angelegt. Die Bausubstanz stammt zum Teil aus Steinen der früheren römischen Wasserleitung, die aus der Eifel durch Rheinbach und vorbei an Meckenheim nach Köln führte (siehe auch Tour 12). Wer eine Rast einlegen will, kann sich auf der Terrasse des angegliederten **Restaurants Burg Münchhausen** ❷ stärken und dem Reitbetrieb zusehen. Von hier geht es weiter aus der

Töpferware in Adendorf

Burgentour rund um Rheinbach

Talaue ein kurzes Stück bergan zur Landstraße, dort biegen wir rechts auf den Radweg ein und fahren nach **Adendorf** hinein. Hier ließen sich 1743 Töpfer aus dem Westerwald nieder und begründeten so den Ruf des Ortes als Töpferdorf, in dem noch heute fast ausschließlich auf Salzbrandkeramik spezialisierte Töpferbetriebe ihr Handwerk betreiben – wohl einmalig im Rheinland. In Höhe des Kirchwegs lohnt rechts ein Abstecher zur **Burg Adendorf** ❸.

Zurück zur Kirche und am Ortsende halb links über den Gimmersdorfer Weg geht es den Wegweisern folgend durch Obstplantagen weiter. Unter einer Trauerweide wird im Sommer der Schilderbaum mit den Fahrradwegweisern verdeckt, hier müssen wir links abbiegen. Nun verläuft die Route durch ein

Für die Seele

Handwerkskunst sowie Wasserburgen und Schlösser begleiten uns bei dieser landschaftlich abwechslungsreichen Rundfahrt.

kleines Bachtal und später bergauf in den kleinsten Ortsteil der Gemeinde Wachtberg, **Klein-Villip.** Am Ortsende geht es in einem Rechtsversatz über die dortige Landstraße **L 267** hinweg, in der Folge immer leicht ansteigend durch Obstanbauflächen, am Wegende erreichen wir eine Kreisstraße, die uns links bis zur Kapelle auf den Anton-Raaf-Platz in **Holzem** führt (Anton Raaf war ein in Wachtberg geborener Tenor des 19. Jahrhunderts, also der „rheinische Pavarotti"). In Höhe der Kapelle folgen wir den Wegweisern. Über die Holzemer Allee geht es später nach dem Rechtsknick des Hauptweges bergab (!), kurz hinter dem Einzelgehöft rechts auf die dortige Landstraße **(L 267).** Diese führt uns unmittelbar an **Burg Gudenau** ❹

*Die typisch rheinische, als Wasserburg angelegte **Burg Adendorf** stammt aus dem 14. Jh., die Bauweise des heutigen Renaissance-Schlosses erinnert an niederländische Casteels. Es ist umgeben von einer Parkanlage mit Altbaumbestand. Hauptburg, Vorburg und vier Türme sowie der Wassergraben sind vollständig erhalten. Die Anlage kann nur von außen besichtigt werden.*

Entschleunigungstour 10

Burg Adendorf

vorbei, einer Wasserburganlage aus dem 12. Jahrhundert. Ihr heutiges Aussehen stammt aus Umbauten im 17./18. Jahrhundert.

An der Ampel queren wir die Landstraße **L 123** und fahren danach über die Burgstraße nach **Villiprott**, folgen dort der Wegweisung zunächst rechts, in der Ortsmitte dann links. Am Ende der Dorfstraße passieren wir den **Biergarten Waldesruh** ❺ und fahren am Wegende über den Parkplatz halb links und vorbei am **Schönewaldhaus.** Die dreiteilige Hofanlage, die bereits vom damaligen Kurfürsten Clemens August für den damaligen Förster und Jäger Johann Heinrich Schönewald errichtet wurde, dient noch heute als Sitz des Revierförsters. Zusammen mit den vor dem Eingang entlang der Mauer aufgestellten historischen Grenzsteinen steht das gesamte Ensemble unter Denkmalschutz.

Hinter dem Hofensemble fahren wir in den **Kottenforst,** das einstige kurfürstliche Jagdrevier, hinein (siehe auch Tour 13). Nach einigen Hundert Metern schwenken wir in Höhe des **Jägerhäuschens,** einer frü-

Burgentour rund um Rheinbach

heren Relaisstation (= Pferdetränke und Raststation) der kurfürstlichen Jagdgesellschaften, links ein. Kurz danach überqueren wir die Landstraße **L 158** und fahren unter der Autobahn hindurch. Froschkonzerte im Frühjahr erwarten uns beim Passieren des **Rehsprungmaar,** kurz darauf geht es links und über das Bahngleis der Voreifelbahn zum **Bahnhof Kottenforst** mit seinem **Biergarten** ❻. Hier treffen sich besonders gerne Familien mit Kindern, da unmittelbar neben dem Biergarten ein Spielplatz liegt.

Nach dieser Pause fahren wir auf der Kottenforststraße weiter, überqueren später an einer Ampel eine Umgehungsstraße und erreichen **Lüftelberg.** In Höhe der Schlossstraße führt unsere Route nun rechts und bergab zur **Burg Lüftelberg** ❼. Das schöne heutige Aus-

Villiper Mühle

Entlang der Swist

Burgentour rund um Rheinbach

sehen erhielt das Jagdschloss gegen Ende des 18. Jahrhunderts. Es bildet gelegentlich eine festliche Kulisse für Konzerte, ist ansonsten nicht mehr öffentlich zugänglich. Wir setzen unsere Fahrt über die Flerzheimer Allee fort. Rechts der Route sehen wir das funktionstüchtige Mühlenrad der früheren **Burgmühle,** hier wurde bis 1930 Getreide gemahlen. Am Wegende biegen wir vorsichtig links auf die Landstraße ein, fahren an der nächsten Kreuzung zuerst geradeaus weiter, an der Bushaltestelle biegen wir rechts ein und radeln in der Folge mitten durch Flerzheim entlang der hier kanalisierten Swist. Am Wegende folgen wir den Wegweisern, queren die Nußbaumerstraße links versetzt und gelangen auf einen schmalen Pfad. Dieser mündet nach wenigen Metern auf einen asphaltierten Wirtschaftsweg und verläuft in der Folge unmittelbar entlang der Swist, an der Schutzhütte geht es rechts weiter. Später liegt rechts der Strecke **Burg Mürringhoven,** heute ein Landwirtschaftsbetrieb. In **Morenhoven** angekommen, liegt am Ortsanfang **Burg Morenhoven,** die nur zu bestimmten Feierlichkeiten zugänglich ist. Wir queren die dortige Ortseinfahrt rechts versetzt und fahren weiter entlang der Swist.

Wer ausgehungert ist und gerne Schnitzelgerichte mag, kommt im **Gasthof Alt Morenhoven** ❽ auf seine Kosten.

Wenig später zweigt unsere Route in Höhe der Einmündung des Wallbachs vom Swistbach links ab, danach müssen wir rechts über eine teilweise schnell befahrene Kreisstraße weiter bis **Miel** radeln. Nach Unterquerung der Autobahn geht es rechts auf die Ortsdurchfahrt der Rheinbacher Straße. Um zu unserem nächsten Zwischenziel **Schloss Miel** ❾ zu gelangen, folgen wir dem Hinweis links.

Besonderes Prunkstück des vor allem als „Liebesnest" von Graf Belderbusch – damaliger kurkölnischer Premierminister – mit der Äbtissin des nahe gelegenen Damenstifts genutzten Anwesens ist der

Entschleunigungstour 10

Schloss Miel

Schloss Miel entstand im 13. Jh. als Burganlage und wurde Mitte des 18. Jhs. als „Maison de Plaisance" im barocken Stil umgebaut. Das Schloss, wegen seiner wertvollen Malereien und Inneneinrichtung auch als „Klein-Versailles des Rheinlands" tituliert, beherbergt heute einen Golfclub mitsamt Restaurant und Café.

Gartensaal mit Parkett, Stuck und originalen Wandmalereien, die dem Zeitgeschmack entsprechend idealisierte Szenen des Landlebens zeigen. Das pastellfarbene Herrenhaus mit der ehemaligen Remise wirkt besonders nobel. Hervorgehoben wird dieser Gesamteindruck durch die gepflegten barocken Anlagen und die algenfreien Gewässer, für die verschiedene Karpfenarten sorgen.

Weiter geht es von der Ortsdurchfahrt zunächst an der Kirche links in die Weiherstraße. In der Folge orientieren wir uns an der Wegweisung, radeln durch Wiesen und Felder der Voreifel, queren später eine Bundesstraße und erreichen über den Dreeser Weg **Odendorf.** Am Wegende biegen wir rechts ein, fahren parallel zur Bahn, überqueren dann links das Bahngleis und folgen der Orbachstraße in den Ort hinein. Der mitten durch den Ort fließende, in ein Kanalkorsett eingezwängte Orbach führt uns rechts durch eine Gasse in den Ortskern zur alten romanischen **Pfarrkirche St. Petrus und Paulus,** einer früheren Wehrkirche aus dem 12. Jahrhundert, direkt neben der neugotischen **Pfarrkirche St. Peter und Paul** aus dem Jahr 1901. Nicht weit davon entfernt liegt das aus dem

Burgentour rund um Rheinbach

Jahre 1726 stammende **Zehnthaus** ⑩**.** In diesem Gebäude wurden Steine der früheren römischen Wasserleitung verbaut. Dieser einstige Karthäuserhof fällt vor allem durch seine Giebelgestaltung auf. Zurück zur Orbachstraße verlassen wir Odendorf den Wegweisern folgend entlang des Orbachs, zuerst vorbei an der **Lappermühle,** dann links auf den großzügig angelegten Radweg neben der Kreisstraße **K 51** über **Schornbusch** in Richtung Rheinbach. Nicht weit von hier verlief vor knapp 2000 Jahren die römische Wasserleitung, die Köln mit frischem Eifelwasser versorgte. Über straßenbegleitende Radwege und der rot-weißen Wegweisung folgend geht es nach **Rheinbach,** in der Ortsmitte biegen wir in Höhe der Bushaltestelle Münstereifeler Straße rechts in die Turmstraße ein und erkennen in Höhe des **Wasemer Turms** Reste der römischen Wasserleitung. Weiter in Fahrtrichtung geht es über den Prümer Wall und den Himmeroder Wall zum Parkplatz auf dem **Himmeroder Platz.** Wer mit der Bahn abreisen möchte, folgt links der Wegweisung und erreicht über meist verkehrsarme Nebenstraßen den **S-Bahnhof Rheinbach,** wo unsere Tour endet.

Am Orbach

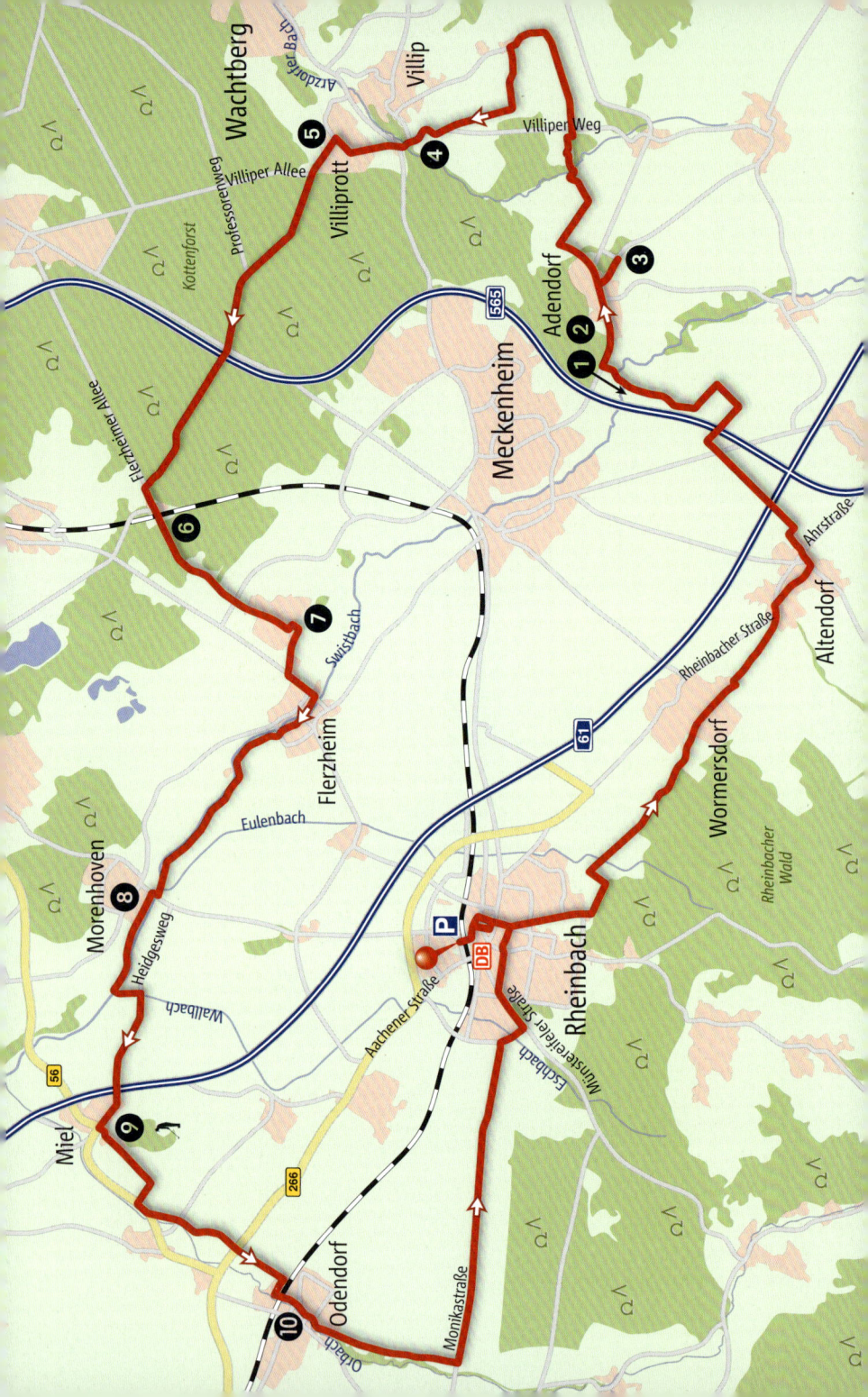

Alles auf einen Blick

WIE & WANN:
Überwiegend asphaltierte Wege; wenige Feldwegabschnitte und einige Ortsdurchfahrten; für Ungeübte, Kinder und Anhänger nur eingeschränkt geeignet; beste Radelzeit April bis Oktober

HIN & WEG:
Start/Ziel: Bf. Rheinbach (GPS: 50.374471, 6.57195)
Auto: Park + Ride am Bf. Rheinbach
ÖPNV: S 23 (Bonn–Euskirchen/Bad Münstereifel)
Anschlusstour: Tour 11 Euskirchener Burgenrunde (ab Odendorf/Leppermühle)

ESSEN & ENTSPANNEN:
Restaurant Burg Münchhausen ❷ Burg Münchhausen 2, 53343 Wachtberg-Adendorf, Tel. (0 22 54) 8 38 46 95, www.restaurant-burg-muenchhausen.jimdo.com (Mi.–Fr. 11–22, Sa./So. 10–22 Uhr, Mo./Di. geschl.)

Entspannung ✶✶✶✶✶
Genuss ✶✶✶✶✶
Romantik ✶✶✶✶✶

Biergarten Waldesruh ❺ Dorfstraße 62, 53343 Wachtberg-Villiprott, Tel. (02 28) 32 54 88, www.waldesruh.net (tägl. ab 11 Uhr)
Biergarten Bahnhof Kottenforst ❻ Bahnhof Kottenforst 8, 53340 Meckenheim-Lüftelberg, Tel. (0 22 25) 73 22, www.waldgaststätte-bahnhof-kottenforst.de (Di.–So. 11–21 Uhr, Mo. geschl.)
Gasthof Alt Morenhoven ❽ (mit Biergarten), Swisstraße 98, 53913 Swisttal-Morenhoven, Tel. (0 22 26) 1 22 20 (Mi.–Sa. ab 18, So. 10–14 u. ab 18 Uhr, Di. geschl.)

ENTDECKEN & ERLEBEN:
Burg Münchhausen ❶ Burg Münchhausen 1, 53343 Wachtberg-Adendorf
Burg Adendorf ❸ 53343 Wachtberg-Adendorf, www.burgadendorf.de
Burg Gudenau ❹ 53343 Wachtberg-Villip
Burg Lüftelberg ❼ Schlossstraße, 53340 Meckenheim-Lüftelberg
Schloss Miel ❾ Schlossallee, 53913 Swisttal-Miel, Tel. (0 22 26) 1 00 50, www.golfschlossmiel.de
Zehnthaus ❿ Am Zehnthof 1, 53913 Swisttal-Odendorf

Blick in die Kölner Bucht

- ❋ 30 Kilometer
- ❋ 154 Höhenmeter
- ❋ 3 Stunden
- ❋ Rundtour

Auszeittour 11

Auf dieser über größtenteils autofreie Wege verlaufenden Rundtour lernen wir insgesamt zehn Burgenanlagen rund um Euskirchen kennen. In diesem Teil der Region ist die Burgendichte besonders hoch. Der Routenverlauf ist eher leicht, einzige Ausnahme ist der Anstieg über einen Waldweg zur mitten im Wald liegenden Hardtburg. In einigen Fällen ist jedoch Vorsicht beim Queren der schnell befahrenen Landstraßen geboten.

> Bereits seit vielen Jahren führt die Stadt Euskirchen ihre traditionelle **Burgenfahrt** kurz vor Beginn der Sommerferien durch. Dabei öffnen die Burgherren zumindest einen Teil ihrer Burgen. Die meisten Anlagen sind in Privatbesitz und noch gut erhalten.

Unsere Tour beginnt im Norden der Kreisstadt Euskirchen, in **Großbüllesheim.** Vom 1914 errichteten Bahnhofsgebäude aus geht es zuerst in Richtung Norden, dort über die Kölner Straße **(L 194)** hinweg nach **Wüschheim.** Alte Fachwerkbauten neben früheren Fabrikgebäuden erinnern an seine frühere Bedeutung. Völlig verändert wurde die Struktur des Ortes in den Jahren 1824 bis 1826. War der Ort bis dahin durch den Verlauf der mittelalterlichen Heerstraße von Bonn nach Aachen in Ostwestrichtung mit der Erftüberquerung bei Wüschheim ausgerichtet, so war nun die Hauptachse des Dorfes durch den Bau der Köln-Trierer Bezirksstraße nordsüdlich ausgerichtet. Vorbei an der ehemaligen Brauerei und späteren Krautfabrik geht es an der nächsten Gabelung halb rechts und vorbei an der alten Dorfkapelle in westliche Richtung zur Erft, wo wir links auf dem Erft-Radweg weiterradeln.

An der kommenden Straße machen wir vor der Weiterfahrt am Ufer einen Abstecher rechts über die

Die Eifel im Blick
Euskirchener Burgenrunde

Auszeittour 11

Erft; hier liegt schon vorher gut erkennbar **Burg Kessenich ❶**, eine zweiteilige Wasserburg aus dem 14. Jahrhundert. In einer kleinen Parkanlage über einen historischen Zufahrtweg erreichbar gelegen, strahlt seit einigen Jahren ihre Fassade in einem leuchtenden Ziegelrot. Nach der Weiterfahrt entlang der Erftpromenade müssen wir kurz vor Erreichen der ersten Straßenbrücke von Euskirchen links in die Görresstraße, an der Ampel über die Kölner Straße **(L 194)** fahren, weiter über Appelsgarten am Ortsende die Gleise überqueren und durch die Felder weiterradeln.

Burg Kessenich

Euskirchener Burgenrunde

Vorbei am **Ratsheimer Hof** geht es kurz vor Kuchenheim rechts und über das Gleis der Voreifelbahn, wir folgen den Wegweisern entlang der Bachstraße, biegen am Straßenende vorsichtig rechts auf die Ortsdurchfahrt der **B 56** ein, verlassen diese sofort wieder links über die Stiefelhagenstraße und biegen kurz darauf links auf das Gelände der historischen **Tuchfabrik Müller** ❷, einem Standort des Rheinischen Industriemuseums, ein. Die Gebäude der Tuchfabrik wurden komplett renoviert, die Maschinen von einst sind alle voll funktionsfähig.

Direkt neben dem Gelände liegt ein Überbleibsel der früheren **Oberen Burg Kuchenheim,** ein kleiner, dreigeschossiger Rundturm. Nach 1856 diente das ganze Burggelände der Tuchfabrik Koenen als Tuch- und Hosenfabrik, zu diesem Zweck wurden große Teile der Burganlage abgerissen oder umgebaut und später neue Gebäude errichtet. Erst im Jahr 2002 wurde der noch vorhandene Turm unter Denkmalschutz gestellt. Er ist heute Bestandteil des musealen Gesamtkonzeptes des Rheinischen Industriemuseums.

Nach diesem Besuch radeln wir ein Stück zurück, doch wir biegen noch vor der Ausfahrt rechts ein (Obere Burg), folgen dem Verlauf des schmalen Weges, biegen an dessen Ende rechts in die Straße Zur Tomberger Mühle ein, überqueren die Kreisstraße **(K 24)** und fahren in der Folge an mehreren ehemaligen Mühlgebäuden vorbei.

Eine von damals 23 Mühlen war die **Tomberger Mühle,** an deren Eingang noch heute ein alter Mühlstein

*Entlang des **Erftmühlenbachs** gab es ab dem Mittelalter immerhin 23 Mühlen. Aus dem früheren Nebenarm der Erft wurde um 1300 ein Mühlenbach, dessen Wehrkonstruktion so reguliert war, dass ca. 500 l Wasser pro Sekunde in den Ostarm fließen konnten und je nach Wasserstand der Westarm entweder trockengelegt wurde oder Hochwasser aufnehmen konnte.*

Für die Seele

Durch schattige Auen, vorbei an sattgrünen Wiesen, mitten durch blühende Felder – dabei immer die Eifel im Blick entdecken wir Wasserburgen und Schlösser.

Auszeittour 11

*Die **Hardtburg** stammt aus dem frühen Mittelalter (12. Jh.). Hier wurde damals ein Berghügel künstlich aufgeschüttet – die Erftniederung war früher sehr sumpfig – und darauf ein Wohnturm mit Vorburg und Wirtschaftsgebäuden errichtet.*

steht. Bis 1794 Zwangsmühle mehrerer Ortschaften, war sie damals die Kornmühle mit den höchsten Einkünften am gesamten **Erftmühlenbach**. Die meisten Bauern lieferten das Getreide auf dem inzwischen der Flurbereinigung zum Opfer gefallenen Tomberger Mühlenweg an, heute erinnert ein altes Wegekreuz bei Palmersheim noch an diesen Weg. Später passieren wir die ehemalige **Flockenmühle** – hier wurde einst Füllmaterial für Kissen hergestellt – sowie **Kerpchensmühle**, eine frühere Fruchtmühle, die nach einem Brand Mitte des 19. Jahrhunderts als Getreidemühle wiederaufgebaut wurde.

Dort vor der heutigen Papierfabrik biegen wir links auf den Feldweg ein, an der kommenden Kreuzung wieder rechts und gelangen über die Wegastraße nach **Stotzheim**. Am Kreisel fahren wir geradeaus über die Hardtstraße weiter, später folgen wir dem grünen Wegweiser links, dann rechts und fahren die Hardtburger Straße in der Folge stetig bergan. Wir erreichen den Hardtwald und nach einigen Hundert Metern Anstieg dann rechts die Umwehrung der **Hardtburg** ❸.

Ab hier stoßen wir auf die Wegweisung der Wasserburgenroute; wir folgen dieser zunächst zurück ab der Gabelung in Höhe des Parkplatzes rechts und wieder bergan, später im Linksbogen aus dem Wald hinaus. Hier bietet sich dem Betrachter eine tolle Fernsicht bis weit in die Kölner Bucht sowie auf das Siebengebirge. Nach Querung einer Kreisstraße folgen wir den Wegweisern bergab und erreichen über die Kreuzstraße rechts **Burg Niederkastenholz** ❹.

__Burg Niederkastenholz__ Die aus dem 17./18. Jh. stammende Burganlage inmitten des Ortes wird heute landwirtschaftlich genutzt, der massive Bruchstein-Wohnturm stammt dagegen noch aus dem 12. Jh. Das Hoftor zeigt Vorrichtungen einer Zugbrückenanlage, östlich des Tores schließt sich das Brennhaus an. Hier erzeugte man vermutlich früher Weinbrand, denn in der Region um Niederkastenholz wurde bis ins 19. Jh. Weinbau betrieben.

Wir folgen der Ortsdurchfahrt, unterqueren kurz danach eine Umgehungsstraße und erreichen **Flamersheim**. Am Wegende geht es zunächst links und ein Stück entlang einer etwas frequentierten Straße, die wir an der nächsten Kreuzung sofort rechts verlassen. Kurz danach erreichen wir unser nächstes optisches Highlight, **Schloss Flamersheim** ❺. Im angegliederten **Gasthaus Eiflers Zeiten** ❻ wird man stilvoll, in jedem Fall mit regionaler bodenständiger Küche verwöhnt.

Hardtburg

Schloss Flamersheim

Auszeittour 11

Schloss Flamersheim
Die im 18. Jh. gebaute zweitürmige barocke Anlage wurde im 19. Jh. grundlegend umgestaltet. Das früher schlichte Herrenhaus wurde ersetzt durch einen frühviktorianischen Bau im Landhausstil. Untermalt wird der Schlosscharakter durch die prächtige Parkanlage aus dem 18. Jh.

Weiter in östliche Richtung gelangen wir wenig später nach **Schweinheim**. Hier erinnern nur noch eine neben der Straße liegende Bruchsteinwand sowie ein kleiner fünfseitiger Turm an die einstige Wasserburgenanlage von **Burg Schweinheim**. In der geschlossenen Anlage befindet sich heute ein Landwirtschaftsbetrieb.

Der weitere Tourenverlauf führt uns im Linksbogen zurück zum Dorfplatz, kurz vorher biegen wir rechts parallel zum Orbach ein und radeln nun weiter in nördliche Richtung. Bereits von Weitem können wir unser nächstes Ziel ausmachen. Vorher müssen wir eine Landstraße überqueren, dann folgen wir den Wegweisern links um das Anwesen herum.

Etwas verborgen in einem kleinen Park mit altem Baumbestand liegt **Burg Ringsheim** ❼. Über das Aussehen der im 13. Jahrhundert erstmals erwähnten Burg ist nichts überliefert, die heutige Burg ist ein barocker Neubau, der auf den Resten der früheren Wasserburg errichtet wurde. Zum Ende des 19. Jahrhunderts wurden die Wassergräben verfüllt und ein Landschaftspark nach englischem Vorbild angelegt. Auffallend ist seine ortsferne Lage, doch die Reste einer Kirche auf dem Parkgelände zeugen von der damaligen Existenz eines Ortes, der um 1700 aufgegeben wurde.

Weiter geht es entlang des Orbachs, dann über eine weitere Kreisstraße hinweg. In Höhe der **Lappermühle** biegen wir links in Richtung **Palmersheim** ein. Dort folgen wir den Wegweisern in einigen Versetzen aus dem Ort hinaus, am Wegende der Krebsgasse biegen wir entgegen der Wegweisung rechts parallel zum Rodderbach ein. Hinter dem Regenrückhaltebecken orientieren wir uns links, queren später eine Bundesstraße und stoßen an die Bahnlinie der Voreifelbahn. Wir folgen dem Wegverlauf links parallel zur Bahn und queren diese später, halten uns dahinter links und erreichen über die Burgunderstraße **Weidesheim**. In einem Rechts-links-Haken queren wir die

Kleeburg

Auszeittour 11

kommende Straße und folgen dem weiteren Verlauf der Burgunderstraße, biegen an deren Ende links in die Weidesheimer Straße und nutzen ab Ortsende den Radweg neben der Straße.

Nordwestlich des Ortes folgen wir dem Hinweis zur **Kleeburg** ❽, einem Kleinod unter den Burganlagen der Erftniederungen. Ihr jetziges schlossartiges Aussehen stammt aus der Mitte des 18. Jahrhunderts, die Anlage ist in ihrem Kern jedoch sehr viel älter. So stammen die Vorburg aus Bruchstein und das Fachwerk aus dem Mittelalter, lediglich Treppengiebel und die Zinnenkränze sind vor etwa 100 Jahren nachträglich aufgesetzt worden. Heute ist die Anlage zumindest zeitweise öffentlich zugänglich, da im Westtrakt der Burganlage ein Textilerzeuger seine Ware „ab Hof" verkauft.

Bei der Ausfahrt von der Kleeburg befindet sich links der Route am Rande eines Pappelwäldchens die

Burg Kleinbüllesheim

Euskirchener Burgenrunde

Kleeburger Mühle. Sie liegt heute nicht mehr am Erftmühlenbach, denn dieser wurde Mitte der 1970er-Jahre im Rahmen einer Flurbereinigung begradigt und somit die längst stillgelegte Mühle von ihrem ursprünglichen Vorfluter getrennt. Über den Radweg neben der Kreisstraße gelangen wir nach **Kleinbüllesheim.** Hier am heutigen Ortsbeginn lag früher eine mittelalterliche Wasserburg. Das 1728 nach Plänen des berühmten Architekten Johann Conrad Schlaun – er war auch der Architekt von Schloss Augustusburg in Brühl (siehe Tour 12) – errichtete Schloss wirkt gegenwärtig eher schmucklos. Kein Wunder, denn hier ist heute ein Landwirtschaftsbetrieb mit Viehhaltung untergebracht. Typisch für die mittelalterliche Siedlungsstruktur ist die nahe beim Schloss gelegene Kirche, deren Ursprung im 11. Jahrhundert liegt.

Nun ist es nicht mehr weit bis zum Ziel- und Ausgangsort unserer Tour. Hinter der Umgehungsstraße liegt am Ortsbeginn links der Straße **Burg Großbüllesheim** ❾. Von dieser einstigen Wasserburg ist heute wenig zu sehen. Lediglich der restaurierte Teil der Vorburg lässt erahnen, was für ein imposantes Gebäude hier einmal stand. Auf dem früheren Burgberg, der bereits um 1800 untergegangen war, steht heute ein Bungalow, der einstige Wassergraben wurde zugeschüttet, ist jedoch im Bodenrelief noch erkennbar. Nicht weit von hier, jedoch etwas abseits unserer Route liegt am Erftmühlenbach die ehemalige **Burgmühle.** Diese entstand auf einem älteren Vorgängerbau im 18. Jahrhundert und wurde später erweitert. Als größere Getreidemühle verfügte diese Mühle über drei Mahlgänge. Heute werden die einstigen Mühlengebäude als Wohnanlage genutzt.

Zurück zur Kreisstraße, durchfahren wir den Ort und erreichen nach dieser erlebnisreichen Rundtour wieder den **Bahnhof Großbüllesheim.** Ab hier fahren stündlich Züge in Richtung Köln oder in Richtung Eifel.

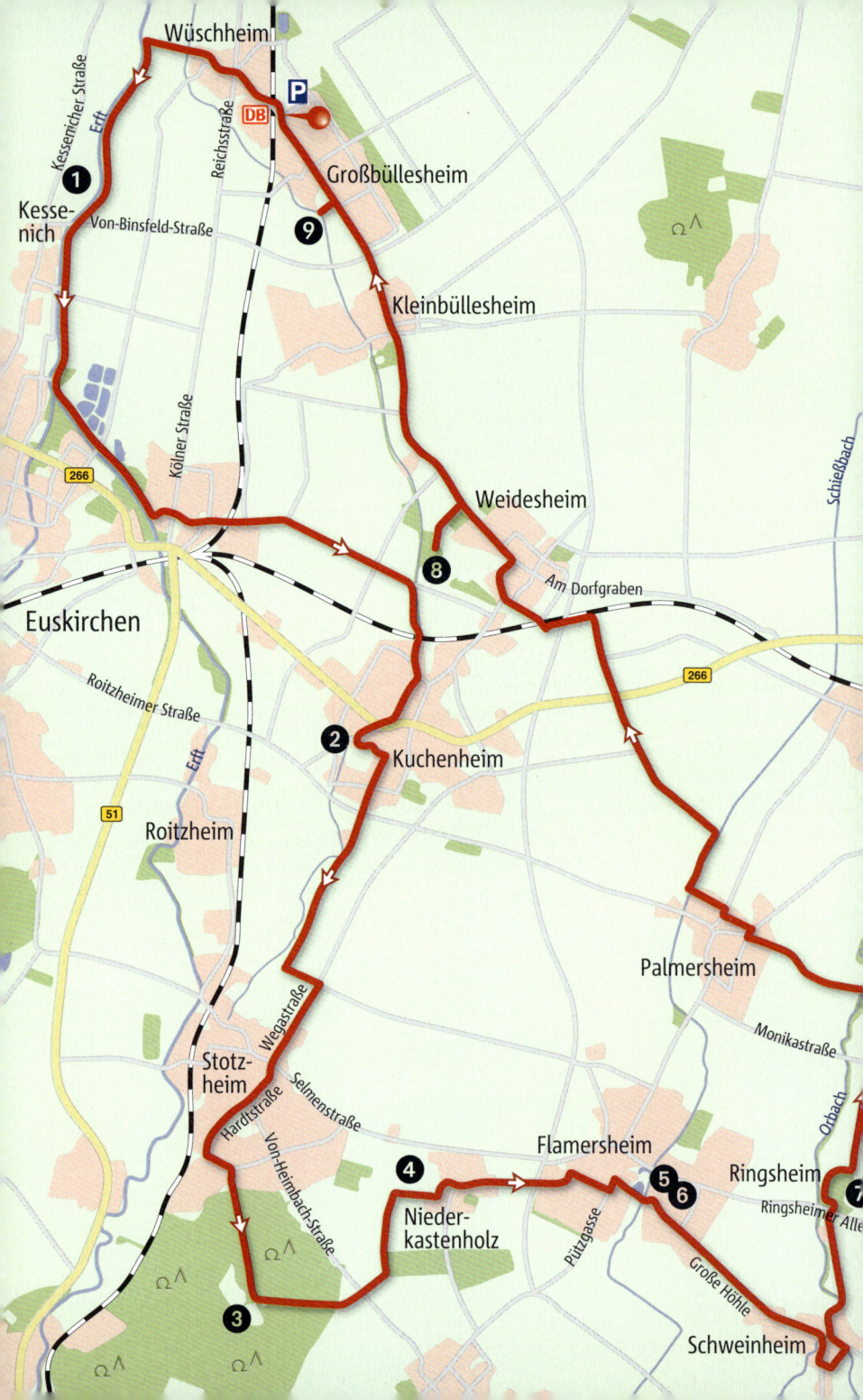

Alles auf einen Blick

WIE & WANN:
Überwiegend asphaltierte Wege; wenige Wald- und Feldwege; Steigung auf dem Waldweg zur Hardtburg; für Ungeübte, Kinder und Anhänger nur eingeschränkt geeignet; beste Radelzeit April bis Oktober

HIN & WEG:
Start/Ziel: Bf. Großbüllesheim (GPS: 50.411392, 6.485746)
Auto: Bf. Großbüllesheim, Gustav-Nachtigal-Straße
ÖPNV: RB 24 (Köln–Euskirchen–Kall)
Anschlusstour: Tour 10 Rheinbacher Burgenrunde (ab Odendorf/Lappermühle)

ESSEN & ENTSPANNEN:
Gasthaus Eiflers Zeiten ❻ Burg Flamersheim, 53881 Euskirchen-Flamersheim, Tel. (0 22 55) 94 57 52, www.landlustburgflamersheim.de (Do. 17–23, Fr.–So. 11–23 Uhr, Mo.–Mi. geschl.)

ENTDECKEN & ERLEBEN:
Burg Kessenich ❶ Kessenicher Burgstraße, 53881 Euskirchen-Kessenich
Rheinisches Industriemuseum Tuchfabrik Müller ❷ Carl-Koenen-Straße 25b, 53881 Euskirchen-Kuchenheim, Tel. (0 22 34) 99 21-555
Hardtburg ❸ Hardtburg 1, 53881 Euskirchen
Burg Niederkastenholz ❹ 53881 Euskirchen-Niederkastenholz, www.burgadendorf.de
Schloss Flamersheim ❺ 53881 Euskirchen-Flamersheim
Burg Ringsheim ❼ 53881 Euskirchen-Schweinheim
Kleeburg ❽ Kleeburg, 53877 Euskirchen-Weidesheim
Burg Großbüllesheim ❾ An der Burgmühle/Kompstraße, 53881 Euskirchen-Großbüllesheim

Entspannung ✸✸✸✸✸
Genuss ✸✸✸✸✸
Romantik ✸✸✸✸✸

Auszeittour 12

Vom **Bahnhof Meckenheim** (Nordgleis) folgen wir am Ende des Wendehammers dem Verlauf der Kalkofenstraße, passieren das Kongresszentrum der Zeugen Jehovas und erreichen danach die Spalierobstplantagen der Apfelstadt Meckenheim, von hier aus wird der regionale und überregionale Apfelmarkt beliefert. Ab Ende August leuchten die Äpfel der gerade einmal mannshoch wachsenden Bäume in verschiedenen Farbtönen. An der ersten großen Wegkreuzung inmitten der Plantage geht es rechts, dann vorsichtig über eine Landstraße hinweg, kurz danach macht die Route einen Linksknick. Nach Überquerung des Swistbaches biegen wir scharf rechts ein, nun müssen wir für ein kurzes Stück bergauf etwas in die Pedale treten, bis wir auf die Kreisstraße **K 53** stoßen, auf deren Radweg wir links einbiegen. An der Einmündung zur Straße steht eine **Rekonstruktion des Aquädukt-Pfeilers** der römischen Wasserleitung, die an dieser Stelle auf einer Länge von 1,5 Kilometern den Swistbach in einer Höhe von 11 Metern gequert hat.

Kurz danach erreichen wir ab der Gabelung am Ortseingang links **Lüftelberg,** die dortige Kirche **St. Petrus** ist der Lokalheiligen Lüfthildis gewidmet, ihr wurden heilende Kräfte nachgesagt. In der Kirche befindet sich ihr Grabstein – eine Kalksinterplatte erstellt aus Kalksinter der einstmals römischen Eifelwasserleitung.

In Höhe der Schlossstraße führt unsere Route nun links und bergab zur **Burg Lüftelberg** ❶. Deren Ge-

Römerspuren
Von Meckenheim nach Brühl

Auszeittour 12

schichte reicht zurück bis ins 13. Jahrhundert. Sein schönes heutiges Aussehen erhielt das Jagdschloss gegen Ende des 18. Jahrhunderts. In den heute privaten Räumlichkeiten finden sporadisch Konzerte statt. Wir setzen unsere Fahrt entlang der Flerzheimer Allee fort. Rechts der Route sehen wir das funktionstüchtige Mühlenrad der früheren **Burgmühle,** deren Wasser von der Swist durch einen 4 Kilometer langen, heute noch bestehenden Mühlengraben in den Burgteich geleitet wird. Am Wegende biegen wir vorsichtig links auf die Landstraße ein, fahren an der nächsten Kreuzung zuerst geradeaus weiter, an der Bushaltestelle biegen wir rechts ein und radeln in der Folge mitten durch **Flerzheim** der hier kanalisierten

Lüftelberger Mühle

Von Meckenheim nach Brühl

Swist entlang, flankiert von zahlreichen Fachwerkbauten.

Am Wegende folgen wir den Wegweisern, queren die Nußbaumerstraße links versetzt und gelangen auf einen Trampelpfad. Dieser mündet nach wenigen Metern auf einen asphaltierten Wirtschaftsweg und führt danach unmittelbar an der Swist entlang, an der Schutzhütte geht es rechts weiter. Später liegt rechts der Strecke **Burg Müttinghoven,** heute ein Landwirtschaftsbetrieb. In **Morenhoven** angekommen, liegt am Ortsanfang **Burg Morenhoven** ❷, die nur zu bestimmten Feierlichkeiten zugänglich ist. Wir queren die Morenhovener Ortseinfahrt rechts versetzt und fahren weiter entlang der Swist. Immer wieder erlaubt uns der ruhige Verlauf der Tour weite Blicke in die Umgebung, flankiert von bunten Ackerrandblumen. So können wir oberhalb von Rheinbach (siehe Tour 10) die Ruine Tomburg auf einer bewaldeten Basaltkuppe erkennen, von der damaligen Burg aus unternahmen im 14. Jahrhundert die mittlerweile verarmten Ritter ihre Raubzüge in der Region.

Wenig später verzweigt unsere Route, wir fahren weiter entlang des Baches, kurz darauf verschwenkt die Route nach rechts und knickt danach links ab. Später erreichen wir wieder den Swistbach, kurz danach müssen wir vorsichtig die Bundesstraße **B 56** überqueren und stehen dahinter unmittelbar am **historischen Übergang Lützermiel** ❸.

Wir bleiben auf der Wasserburgenroute entlang der Swist, wechseln später die Uferseite und fahren

*Der historische **Swist-Übergang** zu Lützermiel ist im Gelände durch einen erhaltenen Straßendamm, Reste der Swistbrücke sowie einen aus der Preußenzeit stammenden Meilenstein von 1823 nachgewiesen. Bereits zu Zeiten der Römer gab es hier vermutlich eine Siedlung sowie eine Römerstraße mitsamt einer Flussquerung.*

 Für die Seele

Obstbäume, Schlösser sowie Relikte der römischen Wasserleitung begleiten uns auf dem Weg zum rheinischen Versailles.

Auszeittour 12

*In Höhe der Landesstraße L 163 liegt **Burg Heimerzheim**, eine typisch zweiteilige rheinische, aus dem 13. Jh. stammende Wasserburgenanlage und einer der ehemals sechs Adelssitze in Heimerzheim. Diese Anlage ist noch heute bewohnt, der Innenhof ist öffentlich zugänglich.*

***Schloss Rösberg** ist der wohl älteste Dynastiesitz im Vorgebirge, der in der heutigen Form Mitte des 18. Jhs. neu erbaut wurde. Die Anlage ist öffentlich nicht zugänglich, doch lassen sich von außen die einzelnen Gebäudeteile mitsamt Hof und Torwappen gut erkennen.*

weiter bis in Höhe **Dünstekoven**. Dort verschwenkt die Route zunächst etwas abseits des Swistbaches, wir queren eine Kreisstraße und fahren danach weiter westlich der Swist bis Heimerzheim mit **Burg Heimerzheim** ❹.

Nach diesem lohnenswerten Besuch der Wasserburganlage (siehe auch Tour 9) queren wir die Landstraße und fahren weiter mitten durch den Ort, immer entlang des hier eingezwängten Swistbaches. In der Höhe vom **Gasthaus Zur Linde** ❺ überqueren wir rechts die Swist, biegen dahinter links in die Pützgasse ein und wenig später am Wegekreuz rechts, nun auf dem Steinbuschweg erkennbar bergan. Später verläuft die Route auf dem Villerücken durch Wiesen und Felder, jeweils flankiert von Waldbeständen. Hier auf der Hochfläche gab es schon von alters her große Waldflächen. Diese wurden allerdings im Mittelalter intensiv zur Viehmast und zum Holzfällen genutzt und entsprechend verwüstet. Mit der Inbesitznahme der Wälder durch die Erzbischöfe und Kurfürsten wurde der Wald in erster Linie als Jagdrevier genutzt (siehe Tour 13). Nach einer Weile stoßen wir an eine Gabelung, folgen dem Wegweiser rechts und an der Knoten-Nr. 10 links. Über die dortige Kreisstraße fahren wir weiter bis in Höhe einer Baumgruppe mit Wegekreuz, biegen dort links ein, queren danach eine Landstraße bei **Hemmerich**, später eine weitere Landstraße.

Der weithin sichtbare **Wasserturm** bei **Rösberg** erleichtert uns die Orientierung, wir folgen den rot-weißen Pfeilen und stoßen am Ortsrand auf den Rüttersweg. Von hier lässt sich rechts über eine Allee ein Abstecher zum **Schloss Rösberg** ❻ machen.

Nach diesem sehenswerten Abstecher fahren wir zurück zum Rüttersweg, folgen dann den Wegweisern rechts in die Auelsgasse und nun in Serpentinen bergab in den Bornheimer Ortsteil **Merten**. In einer Linkskurve liegt der Alte Friedhof Bornheim. Regional bekannt wurde der Friedhof als letzte **Ruhestätte**

Burg Heimerzheim

Auszeittour 12

des Schriftstellers und Literaturnobelpreisträgers **Heinrich Böll** ❼.

Weiter geht es rechts und die Wagnerstraße bergab, über die Beethovenstraße stoßen wir an die Bonn-Brühler-Straße. Gegenüber befindet sich ein überregional bekannter **Obsthof** ❽ mit angegliedertem **Obstbaumuseum,** ein Familienunternehmen des Obstbaupioniers **Otto Schmitz-Hübsch.** Die Ende des 19. Jahrhunderts begonnene Entwicklung mündete in der seit den 1960er-Jahren weltweiten Verbreitung des Spalierobstes (Spindelbusch). Wer an Werktagen unterwegs ist, sollte die Gelegenheit nutzen und die dort mundgerecht präsentierten Apfelstücke probieren sowie sich entsprechend eindecken.

Wir fahren hier links auf dem Radweg links der Straße weiter, am Kreisel geradeaus, danach rechts in die Händelstraße, überqueren das Bahngleis der Vorgebirgsbahn, passieren die Zufahrt zum **Restau-**

> Wer regionale Produkte probieren möchte (z. B. Spargelgerichte im Frühjahr), hat hierzu im **Restaurant** mit **Biergarten Vorgebirgsblick** die Möglichkeit.
> Sehr lecker ist auch der dort angebotene Apfelsaft.

Vorgebirgsblick

Von Meckenheim nach Brühl

Spalierobst

rant mit **Biergarten Vorgebirgsblick** ❾ und lassen uns Richtung Sechtem rollen.

Über den straßenbegleitenden Radweg erreichen wir **Sechtem,** hier lohnt ein Abstecher rechts zur **Weißen Burg** ❿.

Von der Hofausfahrt fahren wir die Eupener Straße zurück zur Knoten-Nr. 2, ab dort geradeaus aus dem Ort hinaus, an der kommenden Verzweigung halb rechts und anschließend durch die landwirtschaftlich intensiv genutzten Obst- und Gemüseanbauflächen der Region Köln-Bonn. Nach Querung einer Kreisstraße erreichen wir den Brühler Ortsteil **Schwadorf,** folgen dort den Wegweisern halb rechts in den Ort hinein. Rechts der Strecke liegt gut verborgen von Bäumen und Hecken die **Schallenburg,** als Niederungsburg erstmals im 12. Jahrhundert erwähnt. Dieses Anwesen ist eine privat genutzte Wasserburganlage und kann nicht betreten werden.

An der Bushaltestelle folgen wir den rot-weißen Pfeilen links, dann rechts, queren die Bonnstraße, folgen dem Verlauf der Route vor der Unterführung

*Die **Weiße Burg** wurde erstmals im 11. Jh. errichtet, urkundlich festgehalten im 15. Jh. als Wisseburg (= Wiesenburg). Nach mehreren Besitzerwechseln wurde das heutige Burghaus um die Mitte des 19. Jhs. im Stil eines italienischen Landhauses erneuert und erhielt durch den weißen Außenanstrich seine heutige Benennung.*

Auszeittour 12

halb rechts von der Fahrbahn weg, unterqueren eine Autobahn und erreichen ein Schul- und Sportgelände. Dort queren wir die Kreisstraße, fahren links und danach rechts die Rampe zur Stadtbahnhaltestelle **Badorf** hinauf. Parallel zur Stadtbahn führt uns die Route an einem Friedhof vorbei, in Höhe der nächsten Bahnhaltestelle fahren wir halb rechts über die Pingsdorfer Straße in das Ortszentrum von Brühl. Dabei müssen wir uns zunächst die Fahrbahn mit dem Autoverkehr teilen, bevor es am Kreisel weiter geradeaus und in Höhe des Haupteingangs des Einkaufscenters halb rechts in die Fußgängerzone (Radfahren erlaubt!) der Brühler Innenstadt geht. Insgesamt strahlt diese Einkaufsstraße niederländisches Flair aus, so prägen vor allem unter der Woche viele abgestellte Fahrräder das Straßenbild. In Höhe des Alten Rathauses (Tourist-Info) folgen wir der Wegweisung rechts in die Schlossstraße. Nach wenigen Metern sehen wir die Rückseite von **Schloss Augustusburg** ⓫.

*Die barocke Gartenanlage von **Schloss Augustusburg** wurde 1728 nach französischem Vorbild gestaltet. ie gilt heute als eine der authentischsten Gartenanlagen des 18. Jhs. europaweit. Der gesamte äußere Teil des Schlossparks mit 300-jährigem Baumbestand und üppiger Flora und Fauna ist heute Naturschutzgebiet.*

Seit 1984 zählt **Schloss Augustusburg** zum UNESCO-Welterbe. Schon zu Zeiten der Kölner Erzbischöfe im 13. Jahrhundert gab es hier ein Gut mit Wildpark. Auf den Fundamenten einer alten Wasserburg entstand 1725 das heutige Schloss im Auftrag von Clemens August, dem damaligen Kurfürsten und Erzbischof. In den folgenden Jahrzehnten wirkten an der Gestaltung namhafte Künstler von europäischem Ruf mit, so z. B. Balthasar Neumann, der das prunkvolle Treppenhaus entwarf. Architektur, Plastik, Malerei und Gartenkunst ergaben dieses wohl einmalige Gesamtkunstwerk des deutschen Rokokos. Zu Zeiten der „Bonner Republik" wurden hier Staatsgäste empfangen, bekannt ist das Schloss zudem durch seine allsommerlichen Brühler Schlosskonzerte.

Park- und Gebäudeensemble stehen im krassen Gegensatz zur Nutzung der Flächen in der Region. Während das Umland bereits seit der Frühzeit gerodet und ackerbaulich intensiv genutzt wurde, ließ der damalige Kurfürst den Waldbereich rund um sein

Von Meckenheim nach Brühl

Jagdschloss unangetastet. Diesem Umstand ist bis heute die recht artenreiche Parkwaldlandschaft zu verdanken. Eine gute Gelegenheit, bei einem Rundgang seine Tour hier ausklingen zu lassen.

Wer noch mehr Kultur erleben möchte, dem sei ein Abstecher zum nahe gelegenen **Museum Max Ernst** ⑫ (Surrealist) empfohlen. Nach diesem lohnenswerten Abstecher sehen wir bereits das Empfangsgebäude vom **Bahnhof Brühl** vor uns. Ab hier bringt uns die Bahn zurück.

Schloss Augustusburg

Alles auf einen Blick

WIE & WANN:
Überwiegend asphaltierte Wege, einige unbefestigte Abschnitte entlang der Swist; für Ungeübte und Kinder nur eingeschränkt geeignet; beste Radelzeit April bis Oktober

HIN & WEG:
Start: Bf. Meckenheim (GPS: 50.374011, 7.05137)
Auto: Park + Ride am Bf. Meckenheim
ÖPNV: S 23 (Bonn–Euskirchen/Bad Münstereifel)
Ziel: Bf. Brühl
ÖPNV: Abreise mit RE 5 (Koblenz–Köln–Wesel), MRB 26 (Koblenz–Köln), RB 48 (Bonn–Köln–Wuppertal)

ESSEN & ENTSPANNEN:
Gasthaus Zur Linde ❺ Bachstraße 1, 53913 Swisttal-Heimerzheim, Tel. (0 22 54) 24 59, www.traditionsgasthaus-zur-linde.de (Di.–So. 11–14 u. 17–24 Uhr, Mo. geschl.)
Restaurant Biergarten Vorgebirgsblick ❾ Händelstraße 45, 53332 Bornheim-Merten, Tel. (01 60) 96 23 45 99, www.vorgebirgsblick.de (Mo.–Fr. 11.30–23, Sa./So. 9–23 Uhr, Di. geschl.)

ENTDECKEN & ERLEBEN:
Burg Lüftelberg ❶ Schlossstraße, 53340 Meckenheim-Lüftelberg **Burg Morenhoven** ❷ Burgstraße, 53913 Swisttal-Morenhoven **Historischer Übergang Lützermiel** ❸ 53913 Swisttal
Burg Heimerzheim ❹ Kölner Straße 1, 53913 Swisttal-Heimerzheim, Tel. (0 22 54) 83 60 53 29, www.burg-heimerzheim.de **Schloss Rösberg** ❻ Schlossallee, 53332 Bornheim-Rösberg
Grab von Heinrich Böll ❼ Martinstraße, 53332 Bornheim-Merten
Obsthofladen Schmitz-Hübsch ❽ Bonn-Brühler-Straße 14, 53332 Bornheim-Merten, Tel. (0 22 27) 33 21, www.schmitzhuebsch.de (Mo.–Sa. 8–19 Uhr)
Weiße Burg ❿ Kaiserstraße 2, 53332 Bornheim-Sechtem
Schloss Augustusburg ⓫ Schlossstraße 6, 50321 Brühl, Tel. (0 22 32) 4 40 00, www.schlossbruehl.de (Mo.–Fr. 9–17 Uhr) **Max Ernst Museum** ⓬ Comesstraße 42, 50321 Brühl, Tel. (0 22 32) 57 93-0, www.maxernstmuseum.lvr.de (Di.–So. 11–18 Uhr)

Entspannung ✹✹✹✹✹
Genuss ✹✹✹✹✹
Romantik ✹✹✹✹✹

- 37 Kilometer
- 130 Höhenmeter
- 3 Stunden
- Streckentour

Auszeittour 13

Wie bei anderen Touren durch den Naturpark Rheinland bietet sich der **Bahnhof Erftstadt** als Ausgangspunkt für diese Streckentour an, da die Anhöhe der Ville mithilfe der Bahn bequem erreicht werden kann. Vom Bahnhof geht es zunächst links, am Kreisel wieder links und nach wenigen Metern links von der Kreisstraße weg unter der Bahn hindurch zum Wanderparkplatz. Hier folgen wir der Wegweisung und fahren auf einem breiten Waldweg rechts in den **Villewald.** An einem Abzweig radeln wir entgegen der dortigen Pfeilwegweisung auf dem Hauptweg geradeaus weiter.

Dieser heute rekultivierte Teil der Ville war bis Mitte der 1960er-Jahre altes Braunkohlegebiet und die zahlreichen Seen waren früher ausnahmslos Braunkohlegruben, die nach ihrer Stilllegung mit Wasser gefüllt wurden. Auch die Namen der Seen sind meist identisch mit den früheren Grubennamen. Nach einer Weile passieren wir den **Silbersee,** hier sitzen manchmal Angler oder Naturliebhaber und beobachten Vögel. Besonders kurios war eine Begegnung mit einem ausgeführten Hausschwein, es hockte bei Herrchen und Frauchen neben einer Rastbank und schmatzte genüsslich mitgebrachtes Obst.

Wir folgen dem weiteren Hauptwegverlauf parallel zur Autobahn, biegen am Wegende rechts ab, unterqueren die Autobahn und fahren entlang des **Schnacker Jagdweges** über die Bundesstraße hinweg durch nun ruhigen, im Frühsommer von Sonnenlicht

*Die **Ville** ist geologisch ein Teil der Eifel, der als Gebirgsmasse zwischen den Flusssystemen des Rheins und der Erft angehoben wurde und als Erhebung (Horst) zwischen beiden in das Gebirge eingeschnittenen Flüssen stehen geblieben ist. Die Bezeichnung „Ville" stammt wohl von dem altfränkischen „File" und bedeutet so viel wie Hochebene bzw. Heide.*

Im Kurfürstenwald
Durch Ville und Kottenforst

Auszeittour 13

Silbersee

durchfluteten Wald. Das frische Laub der Bäume leuchtet dann besonders intensiv. Nur wenige Wanderer und Reiter trifft man unterwegs an, viele verbringen ihre Freizeit wohl lieber im nahe gelegenen Phantasialand. Am Ende des Jagdweges führt die Tour in einem Rechts-links-Haken aus dem Wald heraus, dahinter am Waldrand entlang mit freiem Blick nach Süden. An der nächsten Gabelung biegen wir rechts ein, am Wegende setzen wir unsere Fahrt in einem Linksversatz fort, nun wieder entlang eines asphaltierten Weges auf den Höhenkamm der Ville. Rechts von uns liegen Wälder am Westhang, ebenfalls links der Strecke erkennbare Landmarke. Den Wasserturm bei Rösberg haben wir bereits bei Tour 12 kennengelernt. Oft kann man vor allem im Frühjahr und im Herbst vom Villerücken mitverfolgen, wie es in der Eifel oder am Siebengebirgsrand regnet, während sich inmitten dieser Wolkenfelder trockenen Rades dieses Schauspiel genießen lässt. Von den vorherrschend westlichen Winden werden Wolken vom

Durch Ville und Kottenforst

Atlantik ins Rheinland gepustet, meist regnen sich die Wolken dabei in der Eifel aus. Später lösen sich im Windschatten der Eifel einige Regenwolken auf, die verbleibenden Wolken stoßen anschließend an das nächste Hindernis, das Siebengebirge und den Westerwald östlich des Rheins, und regnen sich dort aus.

Im weiteren Verlauf bleiben wir auf diesem Höhenkamm, bevor unsere Route zunächst eine Landstraße quert. Am Wegende müssen wir rechts auf die Straße einbiegen, nach wenigen Metern links. Der Weg ist nun nicht mehr asphaltiert und führt in ei-

🌼 Für die Seele

Durch schattige Wälder und mit Blicken auf die Umgebung genießen wir das Wolkenspiel über der Ville und lassen uns vom Aroma der Pilze betören.

Auszeittour 13

nem Rechts-links-Haken weiter, später wieder durch den Wald. Auf der anschließenden Freifläche queren wir den Steinbuschweg (siehe Tour 12) und fahren erneut durch den Villewald. Mitten auf einer kleinen Waldlichtung begegnen uns im Herbst Wanderer, die eine gute Nase hatten und uns stolz ihre gesammelten Pilze zeigen. Nach kurzem Austausch von Pilzrezepten geht es weiter, später aus dem Wald heraus und rechts. Vorbei an einer Pferdekoppel, liegen unmittelbar an einer stark befahrenen Landstraße die **Dützerhöfe** ❶, zwei historische Hofanlagen aus der Mitte des 19. Jahrhunderts. Der **untere Dützhof** mit Scheune und Wirtschaftsgebäuden stammt ebenfalls aus der Mitte des 19. Jahrhunderts, der **obere Dützhof** ist von Wassergräben umgeben. Im Wohnhaus ist ein über 400 Jahre altes Eichenfachwerk integriert.

Wir müssen nun rechts auf der **L 182** entlangfahren, verlassen die Straße bereits nach wenigen Metern links. Nach kurzer Fahrt über Feldwege stoßen wir wieder auf die ausgewiesene Radroute und erreichen über die **Breite Allee** den **Kottenforst.** In Höhe der Knoten-Nr. 9 zweigt unsere Route halb rechts ab und verläuft nun begleitet von einem Reitweg durch die **Schmale Allee.** Die Breite Allee gehört wie die Schmale Allee zu den am besten ausgebauten Wegen, die Kurfürst Clemens August um 1730 sternförmig zur Erschließung des Kottenforstes für seine Parforcejagden anlegen ließ. An einigen Stellen weisen uns Schilder auf den Verlauf der einstigen Römerwasserleitung hin.

In Höhe des Forsthauses „Im Zuschlag" mit angegliederter Waldgaststätte müssen wir vorsichtig die sehr schnell befahrene Bundesstraße queren, danach geht es vorbei an einem Reithof und einem Angelweiher. An der Quarzgrube Witterschlick herrscht an Wochentagen viel Lkw-Verkehr. Das Wasser der Kieslöcher schimmert türkisfarben und bildet einen schönen Kontrast zu den graufarbigen Kieshalden; an Sonn- und Feiertagen verläuft unsere Tour stö-

Für die kleine Pause zwischendurch

Auszeittour 13

*Der etwa 130 Jahre alte **Bahnhof Kottenforst** ist ein Kleinod filigraner Fachwerkbauweise. Unter dem Kreuzdach mit Krüppelwalm kann man ein hölzernes verziertes, frei schwebendes Kranzgesims bestaunen. Das Gebäude ist so schön, dass es eine Spielzeugfirma aus Süddeutschland zum Modell genommen hat für Eisenbahnfreunde der Spur H0.*

rungsfrei bis zum Linksknick (Parkplatz) der Straße, hier fahren wir geradeaus auf dem Waldweg weiter bis zur nächsten Landstraße, die wir vorsichtig queren, bevor es – nun wieder asphaltiert – erneut durch den Wald und später zwei Mal rechts über die Bahngleise der Voreifelbahn, dahinter links zum Alten Bahnhofsgebäude des **Bahnhofs Kottenforst** ❷ geht.

Der dortige **Biergarten** ❸ für die Großen und der Spielplatz für die Kleinen laden zum Verweilen ein. Also ein idealer Ort, um sich zu stärken oder – für die Müden – die Tour ausklingen zu lassen, denn am Wochenende geht es von hier aus mit der Bahn stündlich nach Bonn oder in Richtung Euskirchen.

Wer sich für das Weiterradeln entschieden hat, taucht kurz nach Querung der Bahn und an der kommenden Gabelung rechts wieder in das Waldgebiet des **Kottenforstes** ein. Urkundlich erwähnt wurde der Kottenforst im 7. Jahrhundert als fränkisches Königsgut. Die Gegend blieb unbewohnt, sodass schon im frühen Mittelalter der Bannwald auch als Jagdwald diente. Lediglich Vasallen hatten Zugang zum Wald, um ihn zum Holzeinschlag oder als Weideland

Bahnhof Kottenforst

Im herbstlichen Kottenforst

Rehsprungsmaar

Auszeittour 13

zu nutzen. Um 1727 wurde der etwa 4000 Hektar große Kottenforst erstmals systematisch vermessen und Schneisen für die Hatzjagd angelegt. Die recht breiten Alleen verlaufen meist schnurgerade, links und rechts der Wege wurden wegen des nassen Untergrundes Gräben aufgeschüttet. Das Jagdtreiben beendeten die Franzosen mit ihrem Einmarsch ins Rheinland gegen Ende des 18. Jahrhunderts, die erste forstliche Walderhebung unter den Preußen ergab eine traurige Bilanz: Nur noch knapp 500 Hektar des Waldbestandes waren forstwirtschaftlich wertvoll, der Rest wertloses Niederwaldgehölz.

Heute sind weite Teile des Kottenforstes unter Schutz gestellt, unter anderem der Teich entlang des Weges, das **Rehsprungmaar**. Hier bekommen wir im Frühling ein kostenloses Quak-Konzert geboten. Hinter der Autobahn und der Landstraße geht es über ein Wildgitter weiter auf dem Professorenweg, an der kommenden Gabelung liegt das um 1730 un-

Jägerhäuschen

Fliegenpilz im Kottenforst

Auszeittour 13

ter dem Kurfürsten und Jagdliebhaber errichtete **Jägerhäuschen** ❹, hier wurde während der Parforcejagd gerastet und die Pferde gewechselt. Das Jägerhäuschen liegt am Schnittpunkt zweier Wege innerhalb eines spinnennetzartigen Geflechts, dessen Zentrum das ehemalige Schloss Herzogsfreude in Röttgen bildete. Neben dem kleinen Aufenthaltsraum für die Jagdhelfer auf der linken Seite gab es einen größeren Pferdestall auf der rechten Seite des Jägerhäuschens.

Am Rastplatz gegenüber dem Jägerhäuschen fallen zwei markante Eichen auf, ein Gedenkstein weist den kleinen Prinzen Wilhelm von Preußen (der spätere Kaiser Wilhelm II.) als Baumpaten der 1879 gesetzten **Kaisereiche** aus, die andere Eiche, die **Prinz-Friedrich-Eiche,** wurde 1904 gepflanzt. Die nächsten Kilometer geht es ab der dortigen Gabelung entgegen der Wegweisung links auf dem asphaltierten Professorenweg weiter, in diesem Teil des Kottenforstes verbringen viele Bonner ihre Freizeit auf dem Fahrrad, auf Skates oder einfach zu Fuß. An einer größe-

Godesburg

Durch Ville und Kottenforst

ren Gabelung mit Schutzhütte geht es rechts und zunächst zum Waldparkplatz Venner Straße, ab dort aus dem Wald heraus und – mit schönem Blick auf das Siebengebirge mitsamt Drachenfels – schließlich bergab über die Waldstraße in mehreren Haken und Kurven, jedoch immer dem Verlauf der Hauptstraße folgend nach **Bad Godesberg**. Bei so schneller Bergabfahrt übersieht man schnell die **Godesburg** ❺ am Wegesrand links der Straße abzweigend, doch diese auf einem erloschenen Vulkan liegende Burg lohnt eine kurze Unterbrechung, um von dort das tolle Panorama auf das Rheintal zu genießen.

In den 1960er-Jahren wurde die Anlage umgebaut und beherbergt seitdem ein **Restaurant** ❻. Umfangreiche Sanierungen bescherten der **Godesburg** im Jahr 2006 einen neuen Bergfried mit einem kleinen Info-Zentrum zur Geschichte der Burg. Direkt neben der Burg liegt die einstmals barocke **Michaelskapelle**, die heute noch als Bergfriedhofskapelle dient.

Nun ist es nicht mehr weit bis in das Zentrum von **Bad Godesberg**. Zurück zur Straße, dort links und an der Ampel in Höhe der Kirche geradeaus erreichen wir die Fußgängerzone. Unter dem Kurfürst Max Franz wurde 1790 die Redoute gebaut, die Heilquelle neu gefasst und der Kurpark sowie Logierhäuser errichtet – ein neuer Badeort war geboren. Aufgewertet wurde Godesberg als Bad mit dem Anschluss an das Bahnnetz Mitte des 19. Jahrhunderts.

Am Ende der Fußgängerzone schiebt man das Fahrrad am besten über die Koblenzer Straße, quert an der Ampel die Bahnhofstraße und anschließend die Bahnunterführung, nicht weit davon liegt nach Querung der Rheinallee rechter Hand der Hintereingang des **Bahnhofs Bonn-Bad Godesberg**, das Ende unserer Radtour. Wer noch weiterfahren möchte, erreicht geradeaus über die Rheinallee die Rheinuferpromenade in Höhe der Rheinfähre; ab hier lässt es sich autofrei am Rhein entlangradeln (siehe auch Tour 3).

*Erstmals in fränkischer Zeit erwähnt, wurde die auf einem Basaltkegel liegende **Godesburg** ab 1210 unter den Kölner Erzbischöfen neu gebaut und erweitert, jedoch während der Truchsessischen Kriege im 16. Jh. zerstört. Kaiser Wilhelm II. schenkte 1891 die Ruine der Stadt Godesberg.*

*Mit Eingemeindungen benachbarter Orte erhielt **Bad Godesberg** 1935 Stadtrechte. Von den 1950er-Jahren bis zum Regierungsumzug nach Berlin ab 1991 hatten hier viele Botschaften und Residenzen ihren Sitz. Die 1969 erfolgte Eingemeindung nach Bonn erfolgte nicht ganz freiwillig. Heute ist Bad Godesberg ein Stadtbezirk von Bonn, der sich seine Unabhängigkeit bewahren und städtebaulich aufwerten möchte.*

Alles auf einen Blick

WIE & WANN:
Längere Waldwege in der Ville; für Ungeübte, Kinder und Anhänger nur eingeschränkt geeignet; geländegängiges Rad empfohlen; beste Radelzeit April bis Oktober

HIN & WEG:
Start: Bf. Erftstadt (GPS: 50.482036, 6.495700)
Auto: Park + Ride am Bf. Erftstadt
ÖPNV: RE 12, RE 22 (Köln–Trier) und RE 24 (Köln–Kall)
Ziel: Bf. Bonn-Bad Godesberg
ÖPNV: Abreise mit RE 5 (Koblenz–Köln–Wesel), MRB 26 (Koblenz–Köln), RB 30 (Bonn–Remagen–Ahrbrück), RB 48 (Bonn–Köln–Wuppertal)
Anschlusstouren: Tour 3 nach Remagen, Tour 10 nach Rheinbach (ab Bf. Kottenforst)

ESSEN & ENTSPANNEN:
Biergarten Bahnhof Kottenforst ❸ Bahnhof Kottenforst 8, 53340 Meckenheim-Lüftelberg, Tel. (0 22 25) 73 22, www.waldgaststätte-bahnhof-kottenforst.de (Di.–So. 11–21 Uhr, Mo. geschl.)
Restaurant Godesburg ❻ Auf dem Godesberg 5, 53177 Bonn-Bad Godesberg, Tel. (02 28) 38 67 88 91, www.godesburg-bonn.de (Do., Fr. 12–22, Sa. 17–22, So. 11–17 Uhr, Mo.–Mi. geschl.)

ENTDECKEN & ERLEBEN:
Dützerhöfe ❶ Heimerzheimer Straße, 53913 Swisttal-Heimerzheim
Bahnhof Kottenforst ❷ Bahnhof Kottenforst 8, 53340 Meckenheim-Lüftelberg
Jägerhäuschen ❹ Kottenforst
Godesburg ❺ Auf dem Godesberg 5,

Entspannung ✴✴✴✴✴
Genuss ✴✴✴✴✴
Romantik ✴✴✴✴✴

Forum :terra nova

- ❋ 33 Kilometer
- ❋ 113 Höhenmeter
- ❋ 3 Stunden
- ❋ Rundtour

Auszeittour 14

Start der Rundtour ist im Bergheimer Ortsteil **Paffendorf;** wer mit der Bahn angereist kommt, nutzt den Meßweg in Fahrtrichtung bis zur Ortsdurchfahrt (Glescher Straße), fährt dort links die Rampe hinunter, überquert die Straße, biegt sofort rechts ab und sieht dann schon **Schloss Paffendorf** ❶.

Wer sich einen längeren Aufenthalt für die Ankunft aufsparen möchte, dem sei neben dem Besuch der Räumlichkeiten auch ein Rundgang durch den Schlosspark mit seinem alten Baumbestand empfohlen. In diesem Braunkohlearboretum wurde der Versuch unternommen, die Vegetation der Tertiärzeit (vor ca. 15 Mio. Jahren) der Region anhand ihrer heutigen Nachfahren zu rekonstruieren. So kann man durch mehrere Tertiärlandschaften wandeln und bekommt eine Vorstellung von Sumpfwäldern sowie Trockenlandschaften unter den damaligen Klimaverhältnissen.

Wir verlassen das Schlossgelände über die Zufahrt, biegen links auf die Ortsdurchfahrt ein, sofort wieder links und lassen uns die Antoniusstraße entlang der Schlossparkmauer hinunterrollen. Kurz vor Erreichen der Erftauen liegt ein großer Besucherparkplatz; wer also mit dem Auto anreist, startet die Radtour am besten von diesem Standort aus. Über die Kastanienallee hinweg und den Mühlengraben überquerend, kreuzen wir den rot-weißen Wegweisern folgend an der Knoten-Nr. 14 den **Erft-Radweg.** Wir folgen den Wegweisern zur Umgehungsstraße,

Schloss Paffendorf dient seit 1967 als Informationszentrum der heutigen RWE Power und vermittelt einen Eindruck der Burgenromantik des 19. Jhs. Die hier über 400 Jahre ansässige Familie von dem Bongart verkaufte 1958 das Schloss mitsamt den dazugehörenden Ländereien an den Energieriesen Rheinbraun.

Terra nova
Im Braunkohlerevier

Auszeittour 14

ab dort rechts und am Kreisel geradeaus erreichen wir kurz darauf den Fuß der **Wiedenfelder Höhe,** einer rekultivierten Hochkippe aus dem Abraum des Deckgebirges über der Braunkohle in der nahe gelegenen Kreisstadt Bergheim. Sie erstreckt sich zwischen den **ehemaligen Tagebaugebieten Fortuna-Garsdorf** und **Bergheim.** Die Hänge sind bewaldet, das Plateau wird landwirtschaftlich genutzt. An der Knoten-Nr. 19 folgen wir den Wegweisern links und sehen links der Strecke bei schönem Wetter Segelflugzeuge starten und landen. Kurz darauf zeigt der Wegweiser nach rechts und wir fahren nun am Waldrand entlang mit freier Sicht auf die rekultivierte Fläche. Nach einer Weile folgen wir dem Pfeilwegweiser links. Dabei erkennen wir in nördlicher Fahrtrichtung die charakteristischen Dampfschwaden über den Türmen der Braunkohlekraftwerke Neurath, die unmittelbare Assoziationen zum aktuellen Klimadiskurs

Schloss Paffendorf

Im Braunkohlerevier

hervorrufen: Auch wenn der Wirkungsgrad dieser Blockheizkraftwerke mittlerweile verbessert wurde, so hat die Verstromung von Braunkohle umwelt- und gesellschaftspolitisch negative Auswirkungen.

Kurz danach erreichen wir die **frühere Abraum-Bandtrasse,** die bis zum Sommer 2009 die beiden Tagebaugebiete Bergheim und Hambach miteinander verband; wir folgen dem Wegweiser nach links.

Im weiteren Verlauf passieren wir einen markanten **Aussichtspunkt ❷**, ein orangefarbenes Betonfenster. Wir blicken von hier aus direkt zum nahe gelegenen **Peringsmaar,** einem künstlichen See auf der hiesigen Rekultivierungsfläche. Benannt ist der See nach einem ehemaligen Feuchtgebiet in der Nähe der Erft, das dem Braunkohleabbau zum Opfer fiel. Das Gebiet wird, anders als landwirtschaftlich genutzte Rekultivierungsgebiete, sich selbst überlassen.

Kurz hinter diesem Standort wird der Verlauf des Speedways unterbrochen; wer will, trägt sein Fahrrad die dortigen Stufen hinunter, alternativ führt eine etwas ausladende Schleife unter der Umgehungsstraße hindurch. Dahinter queren wir die Erft mitsamt parallel verlaufendem Erft-Radweg, und in der Folge führt uns die Piste leicht wellig durch eine Landschaft, die je nach Jahreszeit stellenweise an eine Steinwüste oder Tundra erinnert. An vielen Stellen gibt es Zu- und Abwege zu den nahe der Strecke liegenden Ortschaften, ganz am Ende der einstigen Bandtrasse fahren wir auf einen weiteren **Aussichtspunkt ❸** zu, der sich über einige Stufen erreichen lässt.

> Nach dem spektakulären Umzug des Absetzers und Schaufelradbaggers von der stillgelegten Bergheimer in die aktive **Hambacher Tagebaugrube** wurde die dortige Trasse verfüllt. Es entstand ein rund 14 km langer, nahezu kreuzungsfreier Rad- und Freizeitweg – der Speedway :terra nova, der heute zum gefahrlosen Radfahren, Inlineskaten und Spazierengehen einlädt.

✿ Für die Seele

Entlang einer früheren Förderbandtrasse erleben wir die Umgestaltung einer Landschaft in all ihren Facetten.

Auszeittour 14

Von dort oben bietet sich ein Blick über den aktiven und medial dauerpräsenten **Tagebau Hambach,** das bundesweit größte Abbaugebiet, an. Aus dieser Fläche werden jährlich 40 Millionen Tonnen Braunkohle gefördert, die Abraummenge ist über sechs Mal größer. Eine weitere Besonderheit: Mit ca. 300 Meter unter Normalhöhennull befindet sich hier der landesweite geografische Tiefpunkt.

Wenn man von hier oben das Ergebnis der aktiven monströsen Bagger sieht, assoziiert man eher Bilder eines weit entfernten Planeten ohne Lebewesen. In der Tat lässt sich diese riesige, offene Tagebaugrube vom Weltraum aus erkennen. Wir setzen unsere Fahrt entlang der Abbruchkante fort, müssen uns nach wenigen Metern die Fahrbahn wieder mit dem Autoverkehr teilen. An der Abzweigung bei **Angelsdorf** sehen wir eine Infostele, die uns auf den Verlauf der einst römischen Via Belgica hinweist. Rechts der Straße führen an mehreren Stellen immer wieder Treppen zur Abbruchkante des Tagebaus hin, am Kreisel in Höhe der Ortschaft **Berrendorf** erreichen wir das 2012 eröffnete Aussichts- und Besucherforum **Forum :terra nova** ❹. Von hier aus lassen sich entspannt von Liegestühlen aus die riesigen Schaufelradbagger bei ihrem Einsatz im Tagebau beobachten. Und wer jetzt Hunger hat, folgt dem Hinweis zum **Lavendelhof** ❺.

Nach diesem Aufenthalt fahren wir vom Forum aus weiter entlang der Kreisstraße mit Blick auf die mittlerweile gerodeten Waldflächen und geräumten Siedlungen zu weiteren für die Ausbaggerung vorgesehenen Flächen des Tagebaugebietes. Bizarr wirkt die Brachlandschaft inmitten einer der am dichtesten besiedelten Regionen Europas. Mit dem Hambacher Forst wurde ein riesiges, zusammenhängendes Waldgebiet geopfert und fruchtbare Ackerböden auf Löss wurden aufgegeben. Die in der Nähe liegenden Orte Manheim und Morschenbroich stehen kurz vor ihrem Abriss.

> Auf dem ehemaligen Tagebaugebiet **Fortuna-Garsdorf** begann die Geschichte der Braunkohleförderung zu Beginn des 19. Jhs. Ein einheimischer Landwirt erschloss kleine Gruben zum Abbau, andere Grundbesitzer folgten seinem Beispiel. Zum Ende des vergangenen Jhs. wurde die Braunkohle dann industriell erschlossen.

> Wenige Hundert Meter hinter dem Ortsrand von Berrendorf lässt es sich im Biergarten des **Lavendelhofs** pausieren. Sehr lecker ist der Pfannkuchen mit Lachs und Feta-Käse. Guten Appetit!

Speedway :terra nova

Burg Stammeln

Im Braunkohlerevier

Später überqueren wir die Bundesstraße **B 477** und fahren weiter in Richtung Stammeln, am Ortsbeginn biegen wir entgegen der Wegweiser links ein, eine Kapelle am Wegesrand und eine Pferdekoppel bilden einen wohltuenden Kontrast zum vorher Erlebten. Am Wegende biegen wir links ein und passieren kurz darauf **Burg Stammeln** ❻, dieses Backsteinbauwerk stammt in seiner heutigen Form aus dem 16. Jahrhundert. Bemerkenswert ist die in Backsteingotik mit Rosetten und Staffelgiebel gegliederte Fassade. Heute sind hier ein Reiterhof sowie eine Wohnanlage untergebracht.

Wir setzen unsere Tour fort, biegen am Wegende rechts auf den Radweg der Widdendorfer Straße ein, verlassen in **Heppendorf** den Ort links über die Hansaremsgasse. Am Ortsende bietet uns ein Radweg Schutz vor schnell fahrenden Autos, in **Ahe** verzweigt unsere Route am Kreisel, wir fahren über die Sindorfer Straße weiter in die Ortsmitte, am Kreisel nochmals geradeaus und in Höhe der efeuumrankten Kapelle biegen wir links in die Lacher Straße ein. Am Wegende orientieren wir uns rechts, fahren anschließend geradeaus weiter gemäß der Wegweisung durch die Felder, vorbei an der einstigen **Escher Mühle** und folgen dem weiteren Verlauf und den Wegweisern nach **Thorr.** Hier macht unsere Route einen Rechtsversatz über die Römerstraße, wir fahren kurze Zeit vorbei an einer Grünanlage mitsamt Bewegungsparcours, dahinter orientieren wir uns links entlang der Großen Erft und radeln später über den Erftflutkanal hinweg. Nun führt unsere Route am **Erft-Radweg** entlang. Eine Besonderheit im Mittellauf der Erft war das Vorhandensein zweier Flüsse, der Kleinen und der Großen Erft; das Ausheben von Mühlengräben wie bei anderen Bächen und Flüssen erübrigte sich (auf die Zukunft der Erft sowie der Erftaue wurde bereits in Tour 5 eingegangen).

In **Bergheim** verlassen wir den Fluss, biegen rechts in die Gutenbergstraße ein, hinter dem Schulzen-

*Die Regulierung der **Erft** erfolgte ab 1860 weit vor der Erschließung der Braunkohlevorkommen. Ab 1901 wurden Flusskrümmungen beseitigt, der Fluss also begradigt, und mit dem Einsetzen des Tagebaus Mitte des letzten Jhs. wurde das nicht benötigte Grundwasser in die Erft gepumpt, die somit als Abflusskanal diente.*

Paddeln auf der Erft

Auszeittour 14

trum links, über das Bahngleis und am großen Kreisel sehen wir rechts von uns das **Aachener Tor** ❼. Mehrere Cafés in der anschließenden Fußgängerzone bieten sich für einen Zwischenstopp an.

Vor dem Tor führt die Route links weiter, quert die dortige Bundesstraße und verläuft durch ein ruhiges Wohngebiet. In Höhe der Bushaltestelle biegen wir links in den Birkenweg ein und kurz vor Überqueren der Erft rechts. Wer allerdings jetzt eine längere Pause machen möchte, fährt geradeaus über die Erft hinweg und kehrt bei den Angelteichen auf der Außenterrasse der **Zievericher Mühle** ❽ ein. Diese Mühle stammt aus dem Jahr 1715 und ist mit einer Anzahl weiterer Mühlen fester Bestandteil der Erftlandschaft.

Zurück auf dem Erft-Radweg durchfahren wir nun die dortige Auenlandschaft, die uns eine Vorstellung über ihren einstigen Charakter vermittelt, queren später rechts den Hauptfluss, fahren dahinter links. Nun sind wir wieder an der Erft, unterqueren die Gleise der Braunkohlebahn sowie eine Bundesstraße, überqueren danach ein letztes Mal die Erft und folgen kurze Zeit später dem Hinweis vorbei am Parkplatz in Richtung **Schloss Paffendorf.** Wer sich den Besuch der Schlossanlage für die Ankunft aufgespart hat, fährt nach Erreichen der Glescher Straße von dieser nach wenigen Metern rechts ab und durch die Toreinfahrt (bei längerem Aufenthalt das Fahrrad am besten vor dem Tor abstellen!). Hier lohnt auch bei hohem Besucherandrang auf dem Schlossgelände in jedem Fall ein Rundgang durch den Schlosspark mit seinem Braunkohlearboretum (Erläuterungen siehe oben).

Und wer mit der Bahn abreist, quert die Glescher Straße, folgt der Wegweisung und nutzt die Rampe, biegt dann links in den Meßweg ein, an dessen Ende der **Bahnhof Paffendorf** der Erftbahn liegt.

Erftaue bei Kenten

Zievericher Mühle

Alles auf einen Blick

WIE & WANN:
Überwiegend asphaltierte Wege, einige unbefestigte Wege entlang der Erft; ein längerer Abschnitt auf dem Nordrandweg; für Ungeübte, Kinder und Anhänger geeignet; beste Radelzeit April bis Oktober sowie an trockenen Spätherbst- und Wintertagen

HIN & WEG:
Start/Ziel: Bf. Paffendorf (GPS: 50.574970, 6.364238)
Auto: Parkplatz Königsstraße/Kastanienallee
ÖPNV: RB 38 (Köln–Bedburg)

ESSEN & ENTSPANNEN:
Lavendelhof ❺ Am Wiebach 35, 50189 Elsdorf-Berrendorf, Tel. (0 22 74) 9 38 46 92, www.lavendelhof-elsdorf.de (Fr.–So. 10–22 Uhr, Mo.–Do. geschl.)
Angelpark Zievericher Mühle ❽ Zievericher Mühle 6, 50126 Bergheim-Zieverich, Tel. (0 22 71) 4 31 43, www.angelpark-bergheim.de (Mi.–So. 9–23 Uhr, Mo./Di. geschl.)

ENTDECKEN & ERLEBEN:
Schloss Paffendorf ❶ Burggasse 1, 50126 Bergheim-Paffendorf, Tel. (08 00) 8 83 38 30
Aussichtspunkte :terra nova ❷ **und** ❸
Forum :terra nova ❹ Kerpener Straße/Nordrandweg, 50189 Elsdorf, Tel. (0 22 74) 7 05 79 40, www.forumterranova.de (tägl. 12–20 Uhr)
Burg Stammeln ❻ Stammelner Straße 46, 50189 Elsdorf-Stammeln
Aachener Tor ❼ Aachener Straße/Hauptstraße, 50126 Bergheim

Entspannung ✸✸✸✸✸
Genuss ✸✸✸✸✸
Romantik ✸✸✸✸✸

Auszeittour 15

Beim Verlassen des **Bahnhofs Grevenbroich** halten wir uns zunächst links und folgen später dem Wegweiser rechts durch eine Wohnstraße. Am Ende des Wendehammers tauchen wir bereits in die Erftaue ein, und nach Überquerung der beiden Brücken breitet sich vor uns eine **Apfelwiese** aus. Sie wurde zur Landesgartenschau 1995 angelegt, ebenso wie das in der Nähe liegende **Braunkohlewäldchen** ❶. Hier wurde ein Stück subtropischer Wald nachgebildet, aus Bäumen und Pflanzen, die hier einst wuchsen und über Jahrmillionen am Entstehungsprozess der Braunkohle beteiligt waren (siehe auch Tour 14).

Wir folgen den rot-weißen Wegweisern, orientieren uns in Höhe der **Villa Erckens** links, radeln die Rampe hinaus und überqueren die Straße, um anschließend weiter entlang der Erft durch eine schöne Allee zu fahren. Kurze Zeit später queren wir über die Eulenturmbrücke die Erft, in der Folge geht es durch eine schöne Grünanlage immer entlang der Erft. Schon bald sehen wir auf der gegenüberliegenden Flussseite die Mühleninsel mit der Kamper Mühle. Aufgrund ihrer Lage wird sie auch Schloss-Mühle genannt. Die **Kamper Mühle,** deren Ursprünge im 13. Jahrhundert liegen, ist eine Getreidemühle, der früher auch eine Ölmühle angegliedert war. Kurz danach sehen wir ebenfalls auf der linken Seite das **Alte Schloss,** einen spätgotischen Palastbau aus dem 15. Jahrhundert. Über den Parkplatz hinweg stoßen wir wieder an die Erft, vorbei am Stadtstrand und tau-

Ein- und Ausblicke
Durch die Gillbacher Börde

Auszeittour 15

chen dahinter in die zum Teil dicht bewaldete Erftaue ein. Hier müssen wir später nochmals die Erft queren sowie nach einer 180-Grad-Kehre unter der Bahn hindurchfahren.

Wie schon bei den vorherigen Touren durch die Erftaue fragen wir uns unweigerlich, wie sich die Gegend hier noch vor der Flussregulierung und vor dem Braunkohletagebau gezeigt hat. Je nach Wasserstand muss es ein recht breiter Fluss gewesen sein, mit vielen Nebenarmen und schon damals zahlreichen Mühlen. Freiwillig hielt man sich hier schon wegen der zahlreichen Stechmücken nicht auf, heute führt für die Erholung suchenden Wanderer, Jogger und Radfahrer ein gut ausgebautes und befestigtes Wegenetz durch die zuweilen recht verwunschen wirkende Auenlandschaft.

Obstwiese im Stadtpark Grevenbroich

Durch die Gillbacher Börde

Nach einer Weile folgen wir inmitten der Aue an einer Kreuzung der Wegweisung in Richtung Neuenhausen, unterqueren kurz danach eine Landstraße und erreichen dahinter leicht ansteigend die ersten Häuser von **Neuenhausen** am Pützplatz. Hier muss früher der Dorfmittelpunkt gewesen sein, in Urkunden wird der Ort bereits im 10. Jahrhundert erwähnt, ist also älter als Grevenbroich, zu dem der Ort eingemeindet wurde. Hinter dem Platz biegen wir rechts auf die Hauptstraße ein, durchfahren den Ort und folgen später der Wegweisung links, am Friedhof rechts, nun bergauf auf die **Vollrather Höhe** , unsere einzige Bergwertung dieser Tour. Kurz vor Erreichen des Zenits treffen wir auf einen Aussichtspunkt, wo sich eine Rast lohnt. Hier können wir uns von den Strapazen des längeren Anstiegs erholen und einen Blick in die nähere und weitere Umgebung werfen.

Nach diesem lohnenswerten Aufstieg geht es dem Verlauf des Hauptweges folgend wieder abwärts, an einer Wegweisungskreuzung halten wir uns geradeaus, biegen am Wegende rechts nach **Allrath** ein, folgen ab der kommenden Kreuzung jedoch nicht mehr den Wegweisern, sondern biegen rechts ein in die Bongarderstraße, umfahren über diese den Hauptort, queren die kommende Hauptstraße in einem Rechts-links-Haken und verlassen Allrath. Vorbei am **Bongarderhof** stoßen wir auf eine Landstraße, auf deren Radweg wir links einbiegen.

Bei Querung der **B 59** orientieren wir uns geradeaus und sehen kurz vor Erreichen der Bahnunterfüh-

> Die **Vollrather Höhe** ist eine vom Abraum des benachbarten Braunkohletagebaus in Garzweiler zwischen 1955 und 1968 aufgeschüttete Halde, die seit 1973 öffentlich zugänglich ist. Auf ihrer Hochfläche stehen inmitten landwirtschaftlich genutzter Fläche auch einige Windräder.

Für die Seele

Von den urwaldähnlichen Erftauen auf die Höhe einer bewaldeten Abraumhalde und durch einst gräfliches und ackerbaulich geprägtes Terrain präsentiert sich uns die Vielseitigkeit der niederrheinischen Landschaft.

Auszeittour 15

rung einen Hinweis zum **Feld- und Werkbahnmuseum** ❸. Sofern das Museum geöffnet hat, lohnt ein Abstecher. Auf einer Demonstrationsfläche werden den Besuchern verschiedene Feld- und Werkseisenbahnen vorgeführt.

Zurück auf der Kreisstraße unterqueren wir die Bahnlinie und erreichen kurz danach **Oekoven,** dort folgen wir ab dem Kreisel der Wegweisung zunächst geradeaus durch das Straßendorf, um in der Rechtskurve in Höhe des Friedhofs weiter geradeaus zu fahren. Wir sind nun inmitten von Feldern und Pferdekoppeln und können die Ausblicke über die freie Landschaft genießen. So erkennen wir die vorhin erklommene Vollrather Höhe ebenso wie die markanten Kühltürme des Blockheizkraftwerkes in Neurath (siehe auch Tour 14) und die benachbarten Kraftwerke in Niederaußem und in Frimmersdorf. Nach Querung einer Landstraße gelangen wir nach **Ramrath.** Zuerst passieren wir eine Gänsefarm, danach führt uns die Route vorbei an der **Lambertuskapelle.** Hier queren wir den **Gillbach,** der dieser Bördelandschaft auch ihren Namen gibt. Der eher unscheinbare Bach ist Teil eines der ältesten Siedlungsgebiete im Rheinland und gab bereits im frühen Mittelalter einem ganzen Gau seinen Namen, dem Gillgau. Dieser war seinerzeit ebenso bedeutend wie der benachbarte Kölngau. Noch heute nennt man in der Gegend das Gebiet „op d'r Gillbach".

Wir folgen den Wegweisern durch Ramrath, queren dort eine Landstraße und verlassen den Ort in Richtung Norden. Nach der Überquerung eines Waldstreifens erreichen wir eine Schlosskapelle. Hier zweigt rechts davon eine Allee ab, die uns zum **Haus Horr** ❹ führt, einem Adelssitz aus dem Jahr 1735, wie die meisten der einstigen Wasserburganlagen in Privatbesitz und somit nicht mehr zugänglich, doch immerhin von außen zu betrachten. Nach diesem Abstecher folgen wir zurück auf der Hauptroute an der

Schloss Hülchrath

Mit dem **strategischen Bahndamm** sollte vor allem der militärische Nachschub an die Westfront sichergestellt werden. Mit dem Ende des Ersten Weltkriegs und der folgenden wirtschaftlichen Rezession wurde das Projekt aufgegeben. Heute verlaufen Reit- und Wanderwege auf dem Bahndamm zwischen Rommerskirchen und der Museumsinsel Hombroich bei Holzheim in der Erftaue.

nächsten Kreuzung den Wegweisern nach links durch den Weiler **Neukircher Heide,** dahinter geradeaus und am Wegende an der Sportanlage wieder links. Nun queren wir erneut den Waldstreifen inmitten der landwirtschaftlich dominierten Börde. Dabei handelt es sich um ein geschichtsträchtiges Bodendenkmal, welches einen deutlichen Kontrast zu seiner Umgebung darstellt. Denn dieser insgesamt 12 Kilometer lange und 30 Meter breite Waldstreifen liegt auf der Trasse eines von den Preußen zu Beginn des 20. Jahrhunderts gebauten **strategischen Bahndamms.**

Die Route verschwenkt wenig später links auf eine Kreisstraße, der wir nun über die Kreuzung nach **Hülchrath** folgen. Dieser einst mittelalterliche Flecken war seinerzeit Amtssitz im Kurfürstentum Köln. Doch diese „städtische" Vergangenheit sieht man dem Ort nicht mehr an. Das von einem Wasser-

Durch die Gillbacher Börde

graben umgebene **Schloss Hülchrath** ❺ als Sitz des Amtsmannes ist dafür noch gut erhalten und lässt trotz zahlreicher Umbauten seinen wehrhaften Charakter gut erkennen. Wesentliche Bauelemente sind mittelalterlichen Ursprungs. Von hier aus wurde einst der Gillgau verwaltet. Leider ist das Anwesen heute Privatbesitz und außer für besondere Feierlichkeiten nicht mehr zugänglich.

Wir verlassen den Ort, fahren zunächst zum Abzweig an der Knoten-Nr. 95 zurück und folgen der Wegweisung rechts in Richtung Langwaden entlang des Erft-Radweges. Dieser führt uns nun deutlich entfernt von der Erft vorbei an Pferdekoppeln, Wiesen und Feldern und später durch ein Waldstück, bevor es rechts entlang der Landstraße auf dem dortigen Radweg weitergeht. In Höhe der Tankstelle biegen wir rechts ein und folgen dem Hinweis links zum **Kloster Langwaden** ❻ mit **Klosterrestaurant** ❼.

Zurück zum Erft-Radweg geht es zunächst weiter durch den Wald und an der kommenden Gabelung links, die Erft sehen wir hier nicht, dafür Wiesen und Pferdekoppeln sowie im Hintergrund hoch wachsende Pappeln, welche die Nähe der Erft markieren. Erst mit Erreichen des nächsten Ortes entlang der Route, **Wevelinghoven,** stoßen wir entlang der Ortsdurchfahrt auf die hier recht breite Erft mit zahlreichen Wehren. Wir verlassen nach wenigen Hundert Metern die Hauptstraße nach rechts und biegen kurz danach noch einmal rechts in die **Klosterstraße** ein. Dabei passieren wir einen Dorfplatz unmittelbar am **Seniorenzentrum** in Höhe der Kirche, hier lädt bei schönem Wetter eine **Sonnenterrasse** ❽ des angegliederten Seniorencafés zu einer Kaffeepause ein. Weiter über die Brücke passieren wir die **Motte Wevelinghoven,** eine frühzeitliche Schutz- und Fluchtanlage. Hierhin floh die heimische Bevölkerung bei Hochwasser sowie bei feindlichen Angriffen.

In Höhe der Motte folgen wir der Wegweisung links und fahren erneut durch Wiesen und vorbei an

Kloster Langwaden wurde im 12. Jh. als Prämonstratenserkloster gegründet. Seit 1964 ist der Zisterzienserorden Hausherr. Neben Wohnbereich, Gästehaus und Klosterladen wird im Biergarten des Klosters ein hauseigenes Klosterbier ausgeschenkt. Prosit!

Auszeittour 15

Pfannkuchen & mehr:
Hier gibt es Pfannkuchen in diversen Geschmacksrichtungen – von süß bis herzhaftdeftig. Sowohl unter der Woche als auch an Samstagen. Guten Appetit!

Pferdekoppeln. Der Weg endet an einer Landstraße, auf dessen Radweg wir rechts einbiegen. Wir verlassen diesen in Höhe des Sportplatzes wenig später wieder nach links. An der kommenden Gabelung müssen wir uns erneut links halten und fahren auf die **Mühle Kottmann** zu. Diese Mühle hat ihren Ursprung als Kapitelsmühle im 12. Jahrhundert und wird seit dem Ende des 19. Jahrhunderts in fünfter Generation als Getreidemühle betrieben.

Kurz vor Querung der Erft verzweigt die Route erneut; wer sich den Mühlenbetrieb oder die Wassersportaktivitäten der Kanuten genauer ansehen will, fährt geradeaus weiter. Das **Gasthaus Pfannkuchen & mehr** ❾ mitten in Wevelinghoven an der Ortsdurchfahrt bietet sich für eine Einkehr an.

Ansonsten folgen wir dem Verlauf des Erft-Radweges rechts und fahren kurze Zeit später unter einer Landstraße hindurch, dahinter entlang der Erft auf gut befestigten Wegen durch die dortige Auenlandschaft. Rechts der Strecke liegt ein kleiner Teich, das **Dohmer Loch.** Es wird fast hälftig von Seerosenblättern bedeckt. Nach einer Weile stoßen wir an eine Gabelung in Höhe einer Holzbrücke. Hier schließt sich unser Rundkurs. Wer seine Tour in Grevenbroich ausklingen lassen will, fährt hier am besten wie bei der Hinfahrt links, anschließend über die beiden Holzbrücken durch das ehemalige Landesgartenschaugelände, vorbei an der Apfelwiese und später in Höhe der **Villa Erckens** ❿ links, nach der Rampenauffahrt dann an der Knoten-Nr. 6 links in die Fußgängerzone von Grevenbroich hinein. Hier gibt es eine Auswahl diverser Einkehrmöglichkeiten.

Wer auf direktem Weg zurück zum Ausgangspunkt der Tour möchte, biegt in Höhe der Holzbrücke rechts ein, verlässt die Erftaue und durchfährt ein Wohngebiet. Am Ende der Straße geht es dann links und wenig später sieht man den **Bahnhof Grevenbroich.**

*Die **Villa Erckens** wurde 1887 als Villa im klassizistischen Stil vom Industriellen Oscar Erckens errichtet. Die damalige Baumwollspinnerei erholte sich nach dem letzten Weltkrieg wirtschaftlich nicht mehr, die Stadt übernahm später das Gebäude sowie den angrenzenden Park. Heute ist hier ein Völkerkundemuseum.*

Dohner Loch

Villa Erckens

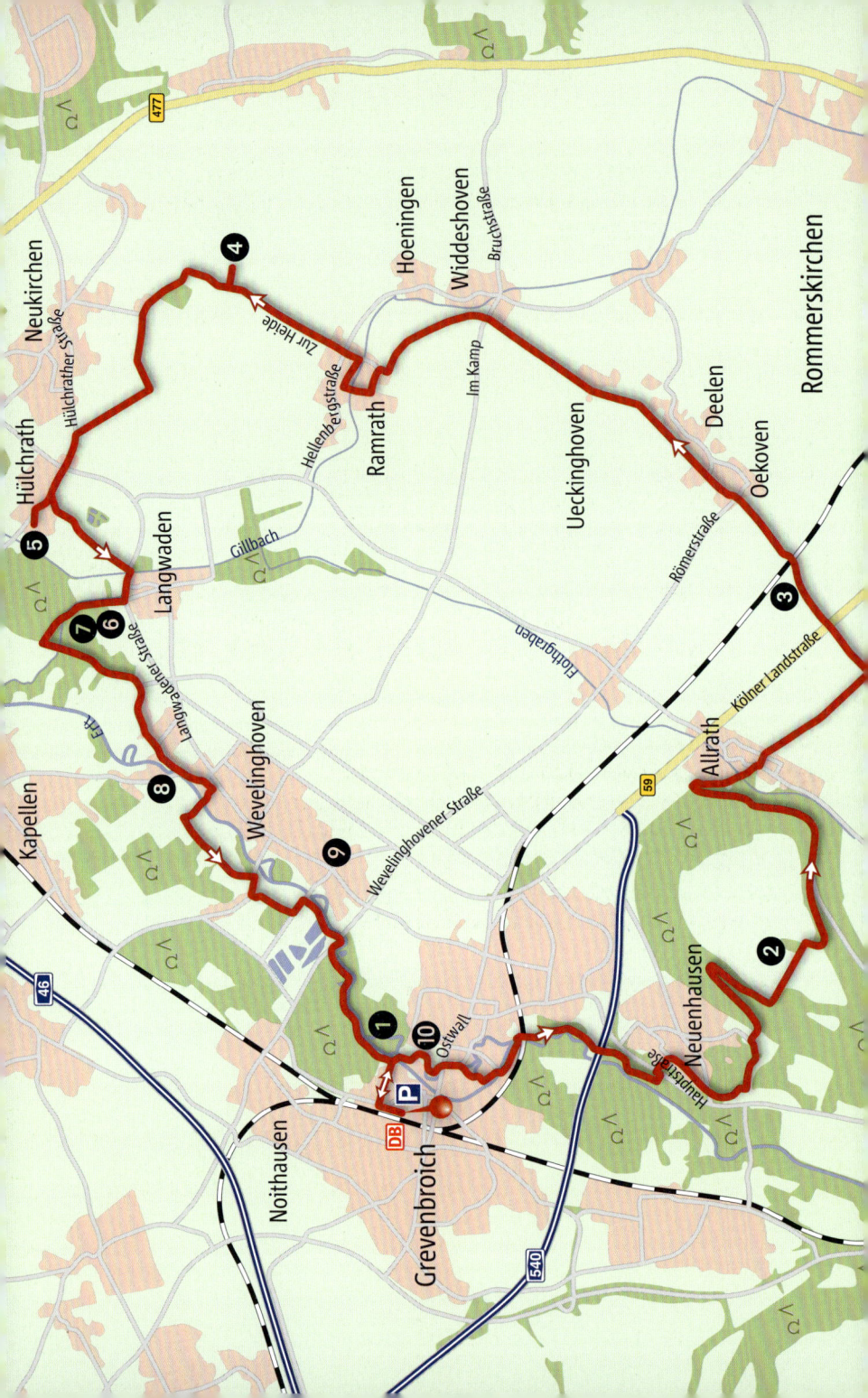

Alles auf einen Blick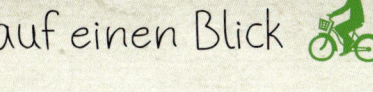

WIE & WANN:
Überwiegend asphaltierte Wege, unbefestigte Wege entlang der Erft, einige Ortsdurchfahrten; für Ungeübte, Kinder und Anhänger nur eingeschränkt geeignet; beste Radelzeit April bis Oktober

HIN & WEG:
Start/Ziel: Bf. Grevenbroich (GPS: 51.54070, 6.345261)
Auto: Park + Ride-Parkplatz
ÖPNV: RE 8, RB 27 (Koblenz/Köln–Mönchengladbach), RB 39 (Bedburg–Neuss/Düsseldorf)

ESSEN & ENTSPANNEN:
Klosterrestaurant ❼ (mit Biergarten), Kloster, 41516 Grevenbroich-Langwaden, Tel. (0 21 82) 88 02-0, klosterlangwaden.de (Di.–Do. 11.30–15, Fr.–So. 11.30–20 Uhr, Mo. geschl.)
Seniorenstift St. Martinus mit Sonnenterrasse ❽ Klosterweg 1, 41516 Grevenbroich-Wevelinghoven, Tel. (0 21 81) 22 84 20, www.seniorenwohnstift-st-martinus.de (Mo.–Fr. 7.30–13.30 u. 15–19.30, Sa./So. 7.30–19.30 Uhr)
Pfannkuchen & mehr ❾ Oberstraße 83, 41516 Grevenbroich-Wevelinghoven, Tel. (01 57) 74 19 49 37, www.pfannkuchenundmehr.de (Di.–Do. 17–22, Fr./Sa. 17–23 Uhr, So./Mo. geschl.)

ENTDECKEN & ERLEBEN:
Apfelwiese und Braunkohlewäldchen ❶ 41516 Grevenbroich
Vollrather Höhe ❷   **Feld- und Werkbahnmuseum** ❸ ehem. Bf. Oekhoven, 41569 Rommerskirchen-Oekhoven, Tel. (0 21 83) 8 06 83 77, www.gillbachbahn.de
Haus Horr ❹ 41516 Grevenbroich-Neukirchen Heide
Schloss Hülchrath ❺ Schloss Hülchrath 1, 41516 Grevenbroich-Hülchrath, www.schlosshuelchrath.com
Kloster Langwaden ❻ Kloster Langwaden, 41516 Grevenbroich-Langwaden, www.zisterzienser-langwaden.de
Museum Villa Erckens ❿ Am Stadtpark, 41515 Grevenbroich, Tel. (0 21 81) 6 08-656, www.museum-niederrheinische-seele.de

Entspannung ✦✦✦✦✦
Genuss ✦✦✦✦✦
Romantik ✦✦✦✦✦

Die GPS-Daten zu jeder Tour gibt es auf www.drosteverlag.de

© 2019 Droste Verlag GmbH, Düsseldorf
2. Auflage 2020
Konzeption/Satz: Droste Verlag, Düsseldorf
Einbandgestaltung: Britta Rungwerth, Düsseldorf, unter Verwendung von Fotos von Shutterstock.com © Ivonne Wierink, © Caue de Oliveira Buck, © Nik Merkulov; fotolia by Adobe © 3d_generator, © Andrey Kuzmin, © niroworld, © Nik Merkulov
Fotos: Norbert Schmidt, Köln, außer: S. 10 (Michael Rennertz, Meerbusch)
Karten: Thorsten David, Bochum
Druck und Bindung: LUC GmbH, Greven

Alle Angaben in diesem Buch wurden sorgfältig recherchiert und geprüft. Für die Richtigkeit der Angaben, für etwaige Unfälle und Schäden jeglicher Art kann keine Haftung übernommen werden; die Nutzung erfolgt auf eigenes Risiko. Abweichungen, die nach Redaktionsschluss erfolgten, konnten nicht mehr berücksichtigt werden. Hinweise und Änderungen nehmen wir gern entgegen.

ISBN 978-3-7700-2054-6
www.drosteverlag.de